メコン川物語

かわりゆくインドシナから

Kawaguchi Toshihiko
川口敏彦

文英堂

メコン川物語
——かわりゆくインドシナから

インドシナ半島に、メコン川という大河がある。
チベット高原に発し、
ミャンマー、タイ、ラオス、カンボジアといった国々を通り、
ベトナムで海に達する。それはそれは長い川だ。

メコン川はいい。一度訪れてみるといい。
何がいいかって？
とにかく平和だ。
人も、木も、山も、そして川も。
そんな風景からは想像もつかないかもしれないが、

かつてメコン川流域は、激しい戦場だった。
どれほどの人が死んだのかな。
　　ちょっと、考えたくないな。
どんな思いで死んだのかな。
　　ちょっと、考えられないな。

そんなメコン川も、ここ数年、開発され変わってきた。
しかし、それも平和な証拠。仕方ないか。
メコン川はいい。
何がいいかって？
まだ、昔のよさがちょっとだけ残っている。

INDIA
GLADESH
CHINA
Mandalay
MYANMAR
(BURMA)
チェントン
ゴールデントライアングル
チェンライ
チェンコン
ルアンパバーン
Hanoi
LAOS
ビエンチャン
ナコーンパノム
ターケーク
Yangon
サワンナケート
THAILAND
パークセー
Bangkok
コーンの滝
VIETNAM
CAMBODIA
アンコール・ワット
トンレサップ湖
クラチエ
プノンペン
Andaman Sea
ホーチミン
チャウドック
カントー
Gulf Of Thailand
メコン河口
South China Sea
MALAYSIA

もくじ

はじめに 2

1 パラダイス・リゾート ゴールデントライアングルI 9

2 山岳民族の末路 ゴールデントライアングルII 27

3 マコロの思い出 チェントン 43

4 神の使者 チェンコン 59

5 ピーと僧侶 ルアンパバーン 75

6 砂上の屋台村 ビエンチャン 93

7 のんびりした国ののんびりした街 ラオス南部 111

8 つれない川イルカ　クラチエ　129
9 至福の時　アンコール遺跡　145
10 二頭の象のけんか　プノンペン　163
11 黄色いホテル　チャウドック　181
12 劇場ホーチミン　ホーチミン　199
13 メコンデルタの市場にて　カントー　217
14 流れの果てに　メコン河口　235
あとがき　254

【装幀・本文レイアウト】白尾隆太郎／下川　恵

1

パラダイス・リゾート

ゴールデントライアングルI

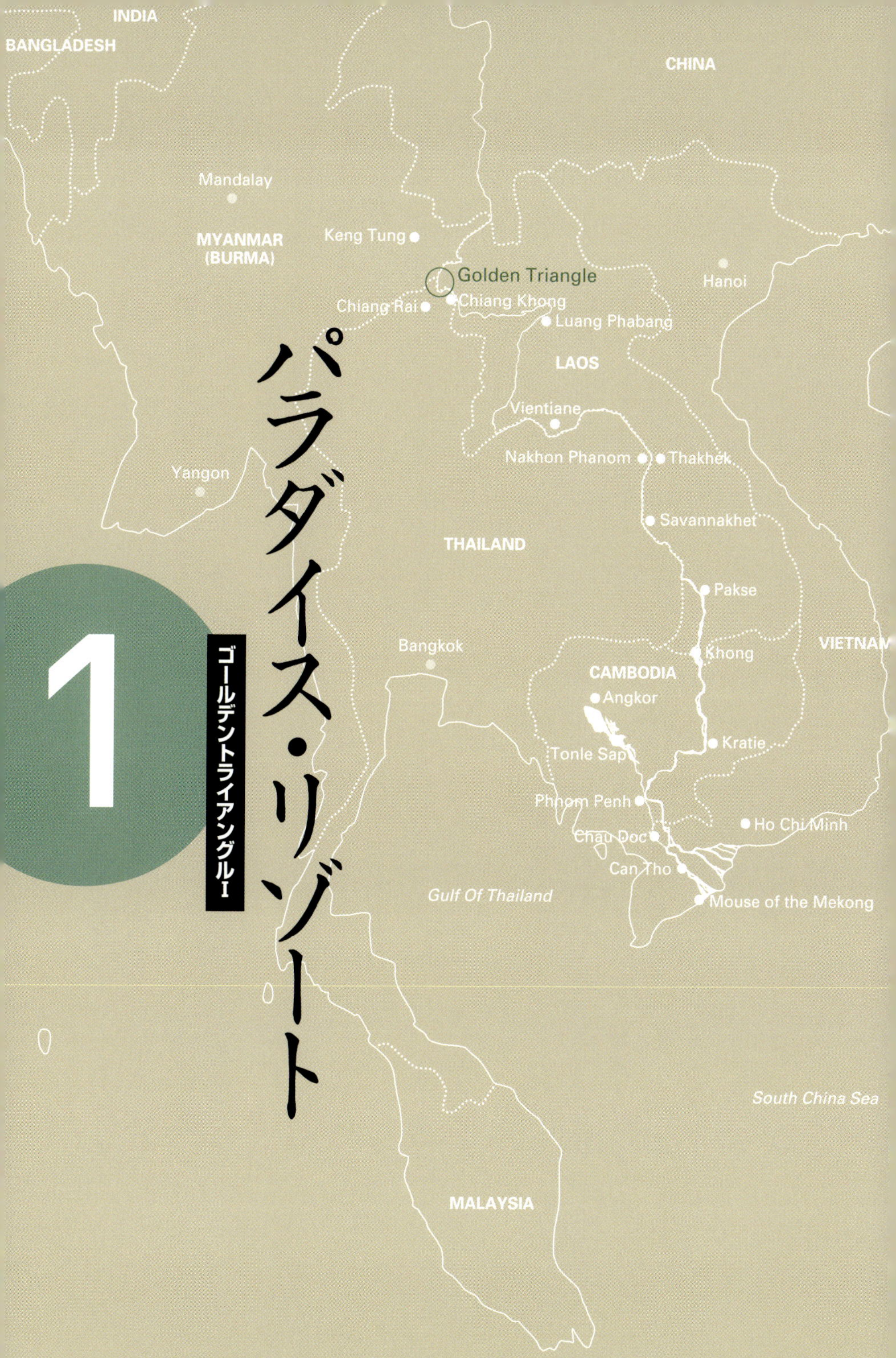

❖魔のゴールデントライアングルをめざして

子供の頃に聞いた「魔のゴールデントライアングル」という言葉を、なぜか覚えている。ゴールデントライアングルという単語の全部に「魔の」と付いているわけではないのだが、なぜか私が覚えているのは、前に必ず「魔の」と付いていていた。

もちろん子供の頃の話だから、ゴールデントライアングルが何であるのか知らなかったのだが、この「魔の」という言葉によって、ゴールデントライアングルは何か怪しい、危険に満ちあふれたものと想像していた。それは子供心に、触ってはいけないもの、近づいてはいけないものとして刻まれていたのだった。

ゴールデントライアングルが、東南アジアのタイ、ラオス、ミャンマーの三か国が接している地域のことだと知ったのは、実は年も三十を過ぎ、タイ北部を観光しようとしてガイドブックを見ていたときのことだった。その本には、ゴールデントライアングルが世界に蔓延《まんえん》するアヘンの最大級の栽培地であり、アヘンに絡む犯罪の源であることが記されていた。私はなぜ、ゴールデントライアングルに「魔の」という語が付いていたのか、やっとわかった。

そして私はゴールデントライアングルに向かった。タイ北部にあるチェンライという街から車で北に向かうと、一時間ほどでミャンマー国境と接するメーサイに着く。そこから進路を東にとり山間の道を進んでいくと、やがて眼下に大きな川が出現する。これが東南アジア一の大河メコン川だ。そして、この一帯は、ゴールデントライアングルと呼ばれ、世に知られている。

メコンの川沿いにある土産物店の主人に、タイ、ラオス、ミャンマーを眼下に一望できる高台があると聞いて行ってみることにした。メコン川の堤防から見ると、視点が低いため対岸の奥がどうなっているのかわからなかったからだ。目の前に見えるラオス側は、メコン川の岸まで木で覆われていて人影が見えない。それに比べると、やや離れた左奥に見えるミャンマー側は比較的開けていて、屋根が赤い建設中の建物が見え

暑い日、メコンで水遊び

る。しかし、ここからでは「魔の」雰囲気は全く感じられない。

　高台は、私がいるすぐ裏の崖の上にあるという。早速、そこに上がる道を進む。登り始めに大きな仏教寺院があり、開いていたお堂の扉から大仏の後ろ姿が見える。立ち寄って見たい気もするが、ここはとりあえず「魔の」雰囲気を優先させて先に進むことにする。と、高台はあっけなく目の前に現れた。下から登り始めてたったの三分で着いてしまった。

　高台には「ゴールデントライアングル」と書かれた表示板があり、そこから大きく曲がって流れるメコン川が眼下に見えた。メコン川は、私が立っているタイ側の高台に向かい流れてきて、そこにぶつかり大きく右手に流れを変えている。高台から見ると、向かって左側がミャンマー、右側がラオス。確かにトライアングルを形成しているのがよくわかる。

　高台から見て目立つものは、例のミャンマー側にある屋根の赤い建築中の建物だけだった。ここからかなり離れているが、周りの木と比べてもかなり大きな建物のようだ。ラオス側に目を転じると、ミャンマーやタイと違って緑の濃いジャングルに包まれている。高台から見ても家や村は見当たらず、人がいる気配はない。時折、ボートがメコン川を行き来する以外、他に動くものは何もなかった。

「ゴールデントライアングル」と書かれた間抜けな表示板の前では、訪れた外国人の観光客たちが記念写真を撮っている。高台の小さな広場には土産物屋も軒を連ねていて、どう見てもありふれた観光地だった。

　あまりにものどかな風景がそこにあった。かなりの時間、この高台にいたのだが、そののどかさは変わりようもなかった。子供の頃に思い描いていた「魔の」雰囲気は、どこにも感じられなかった。

　そして、ようやく私は一つのことに気づいた。

　いつの間にか、ゴールデントライアングルという言葉から「魔の」という枕詞《まくらことば》が消えてしまっていたことを。

　ゴールデントライアングルは、すでに魔でもなんでもなかったのだった。

ケシ畑の中で遊ぶ山岳民族の子供

❖楽園のリゾートにて

それから五年後、私は再びゴールデントライアングルを訪れた。ゴールデントライアングルは、劇的に変化していた。

メコン川沿いには、土産物を売る屋台が増殖していて、ひっきりなしに来る大型観光バスからそこに吸い込まれるように観光客が群がっている。そのほとんどが、五年前にはそれほど目につかなかったタイ人観光客だった。タイ人の中産階級は確実に裕福になって、観光を楽しめる余裕ができたようだ。

川沿いに立って、ゴールデントライアングルの変わりように驚いていると、しきりと観光客が船に乗り、メコン川をさかのぼっていく。どこに行くのだろうと見ていると、ミャンマー側にある赤い屋根の大きな建物の前に船が着けられている。聞くところによると、建築中だった建物はすでに完成し、今はカジノや免税店があるホテルになっているとのことだった。

外国人もミャンマー側に渡れると聞いて、私も船に乗って渡ってみることにした。本来、観光でもミャンマーに入国するにはビザがいる。しかし、このホテルに限っては、ミャンマー側にある入国管理事務所でパスポートを預け、二百五十タイ・バーツを払っただけで、ビザなしで入国できてしまう。パスポートには、ミャンマーの入国を示すスタンプは押されない。形としては、私がミャンマーに入国したという証拠は何一つ残らないようになっている。

ホテルの名は「パラダイス・リゾート」と言った。

楽園のリゾート。いまどき、日本でこんな名前を付けたら鼻で笑われてしまいそうだが、ミャンマーの楽園のリゾートは、それがなかなかにぎわっていた。前面にメコン川の流れが見えるホテルのロビーは、吹き抜けで広く開放感にあふれている。ロビーの裏には、長さ三十メートルほどもあるゲームコーナーがあり、子供だけでなく大人たちもスロットマシーンなどで遊んでいる。

しかし、いっしょに船で渡ってきたタイ人観光客のお目当ては、どうやらカジノらしかった。タイ人に混

夕日に光るメコンを渡る

うす暗くなったメコンの川面を照らすパラダイス・リゾート

顔に日焼け止めの「タナカ」を塗ったミャンマーの子供

じりカジノに入ってみる。そこはあまり広くはなかったが、ベージュに統一された部屋にルーレットやブラックジャックなどのテーブルがゆったりと置かれている。

カジノといえば、大金持ちの男たちが札束を積んで賭けをしているというイメージがあるが、ここにはそんな雰囲気は全くない。お菓子や果物などを入れたビニール袋を片手に、普通のおばさんたちが何回かに一回、賭けては負け、しばらく様子を見てはまた賭けるといった具合に、遊び感覚で参加している。たまたま訪れた日が日曜日の午後ということもあったのだろうが、このカジノはほのぼのとしていて、緊張感に欠けていた。

各テーブルを見回してみる。客の三分の一は普通のおばさんだった。見るからに大金持ちといった人は、ほんの数人しかいない。しかも、客の全部がタイ人だった。

ここはミャンマーなんだから、ミャンマー人の客もいるはずなのだが、と不思議に思い、改めて見回して

寺の庭で勉強する僧たち

アヘンを吸う山岳民族

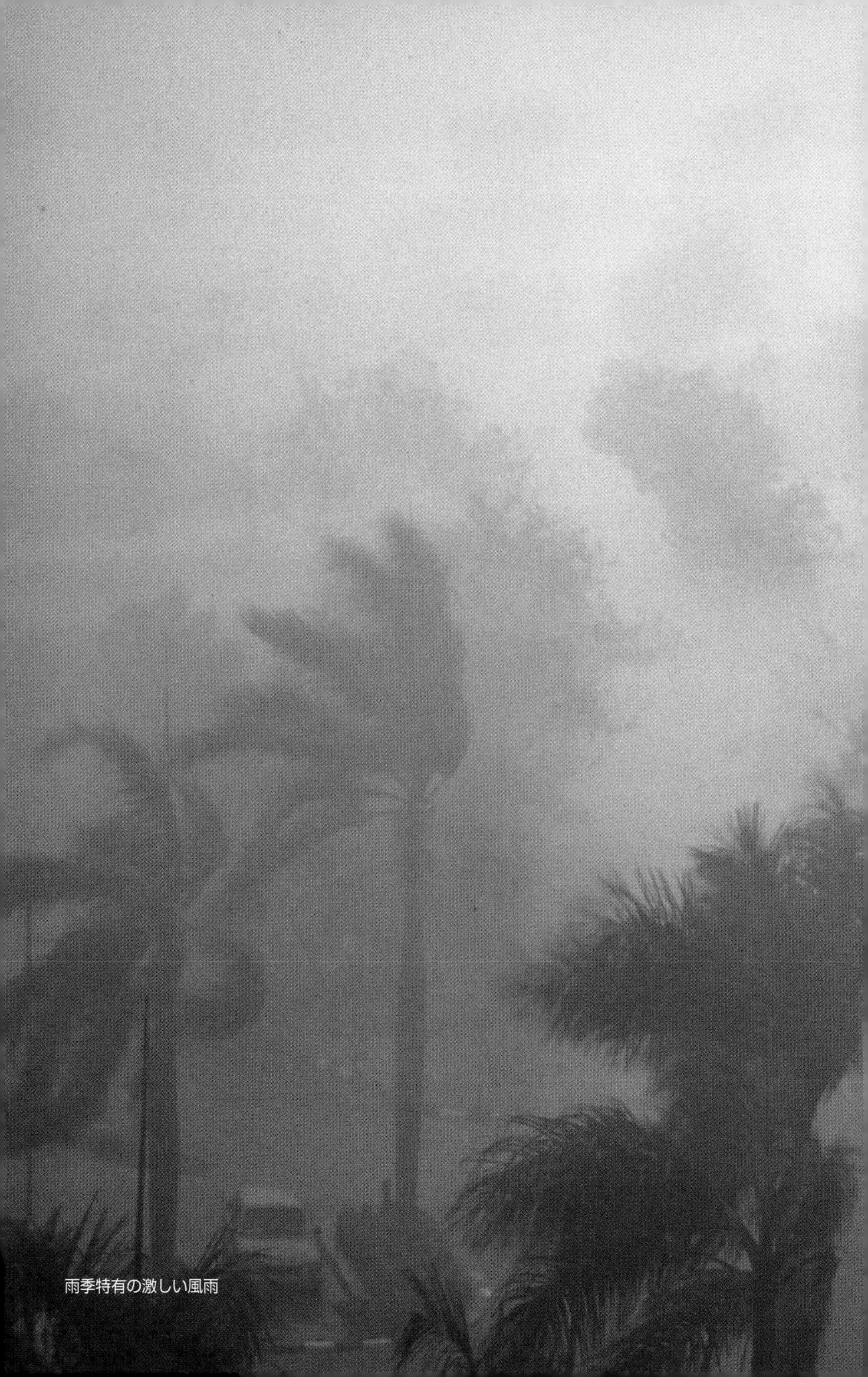
雨季特有の激しい風雨

みるが、やはりタイ人ばかりだ。タイよりも貧しいミャンマーでは、さすがにカジノで遊ぶ人などはめったにいないのだろうと勝手に推測し、ミャンマー人はこのホテルでどういう風に遊ぶのか、探してみることにした。

カジノを出て左に進んでいくと、酒やタバコ、おもちゃなどを売っている免税店があった。タイ国内では千二百バーツもするウィスキーが、ここでは八百バーツとかなり安かった。しかし客の姿はなく、閑散としている。免税店を回ってレストランの中をのぞいてみる。ちょうど昼時で、ビュッフェのコーナーは程よく混んでいた。しかし、ここもタイ人ばかりだ。

レストランを出ると、ロビーに戻ってしまった。ロビーもタイ人ばかり。どこにもミャンマー人の姿はなかった。外に出て、初めてミャンマーの民族衣装であるロンジーを履いた男性を見つけた。しかし、このミャンマー人の男は、人が乗れるように改造し荷台をつけた耕運機に乗り込むと走り去ってしまった。どうやらこの男は、ホテルにやってくる客の送迎を担当する

山の急坂で耕運機の車を押す村人たち

従業員のようだった。

ホテル内を探し回った結果、このホテルはタイ人のためにあることがわかった。ホテルのフロントで聞いたところ、遊びにやってくるのはタイ人ばかり、しかも社長もタイの実業家ということだった。パラダイス・リゾートは、ミャンマー側にありながら、実はタイ人のための楽園という不思議なところだった。

何か釈然としないものを感じながら、タイ側に戻った。すでに日が西に沈みかけていた。突然、もう一度、高台の上からゴールデントライアングルを見てみたいという衝動に駆られた。暗くなると、遠の昔に消えてしまった「魔の」雰囲気が味わえるかもしれないと思ったからだ。

五年前に来た高台は少し整備されていたが、あまり変わっていなかった。さすがにこの時間になると、高台には誰もいなかった。昔と比べ小奇麗になった土産物屋も、もうすでに店を閉じている。

だんだん暗くなってきて、メコン川の上流が暗闇にかすんでいく。多少、薄気味悪い静けさに、「魔の」

新鮮な野菜が並ぶ市場

雰囲気は盛り上がってくるように思われた。

と、不意に予期しないことが起きた。ミャンマー側にある、先程まで自分がいたパラダイス・リゾートに光が点灯したのだ。その明るさは尋常ではなく、暗くなったメコン川の水面に反射した光は倍増され、あたり一帯が浮かび上がっている。その明るさは、せっかく盛り上がってきた「魔の」雰囲気をぶち壊すのに十分すぎるほどだった。

右手に見えるラオスだけが暗闇を保っていた。ミャンマー側とは対照的に沈黙するラオスを見ながら、私は「早く見ないとすべてが終わってしまう」という焦りにも似た思いを感じた。

子供の頃に抱いていたゴールデントライアングルの「魔の」世界は、遠い昔にすでに終わってしまっていた。そして今、暗闇だったミャンマーに明かりが灯った。目の前でゆったりと流れるメコン川の流れは相変わらずだが、その流域は急速に変化を遂げている。近い将来、ラオス側にもリゾートホテルができ、ミャンマー側と同じくこうこうと明かりが灯ったとき、かつては「魔の」ゴールデントライアングルと呼ばれていたこの地域は、「光の」ゴールデントライアングルなどと言われるようになるかもしれない。その頃には全てがありふれた風景になってしまう、そう思ってしまったのだ。

チベット高原から発し中国を流れてきたメコン川は、ここゴールデントライアングルを入り口としてインドシナに入り、カンボジアを抜けてベトナムで南シナ海に注いでいる。ここからメコン川を下っていけば、インドシナ各国の異文化を体験できるはずだった。

しかし今、このゴールデントライアングルの高台に立っていると、ありふれた風景に変わろうとしているメコン川流域が見えてくる。

「早くしないと――」

私はまだ見ぬ失われつつある風景に心を急かされながら、足早に高台を後にした。

2

山岳民族の末路

ゴールデントライアングルII

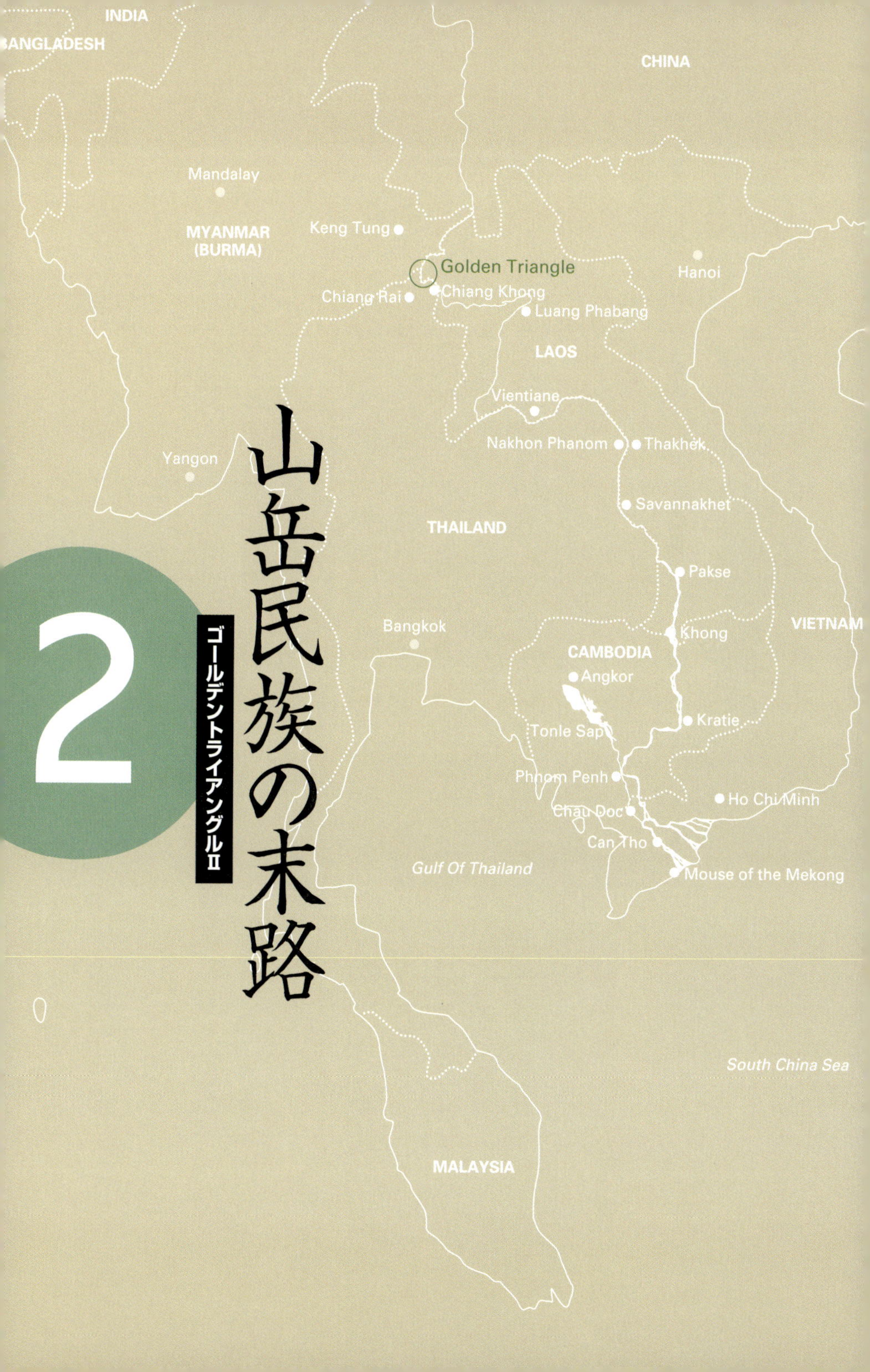

鉄兜《てつかぶと》のおばあさん

ある日、タイ北部の山の中を車で走っていると、道の傍らを奇妙な格好をした人が歩いているのに出くわした。その人は、頭に鉄兜のような物をかぶり、黒地に赤のラインが入った服を着たおばあさんだった。

最初は、近所で行われていたお祭りの仮装かなと思ったが、背負っている大きな薪《まき》や、埃《ほこり》にまみれたぼろぼろの服、それにお祭りの華やかさを感じさせない真剣な眼差しから、どうやら仮装ではないことがわかった。このおばあさんが、私が初めて見たゴールデントライアングルの山地に住む山岳少数民族だった。

いまどき、見るからに重そうな鉄兜をかぶり、日常生活を送っている人たちがいるのを知ったことは、いささか衝撃的だった。後でわかったことだが、このおばあさんはアカ族という山岳民族だった。鉄兜のような帽子はアカ族の女性だけがかぶっていて、悪い霊が体の中に入らないようにするためのもので、寝る時もはずさないのだという。このような精霊崇拝（アニミズム）をいまだに信仰している山岳民族は、ゴールデントライアングルにかなりいるらしい。

ちなみに、この鉄兜の帽子は、タイ北部の街チェンライのナイトバザールで観光客向けに売られているが、手に取ってみると、重いと思っていた帽子はアルミ製で意外と軽かった。ただ、ここで売られている帽子はお土産用で、実際にアカ族の女性がかぶっている帽子の飾りは銀でできていてずっしり重い。中には、百年前にイギリスやフランスの植民地政府が発行したコインがぶら下がっていたりして、今ではなかなか作ることができない貴重な帽子もある。タイは列強の植民地にはならなかったが、隣国のミャンマーはイギリス、カンボジアはフランスの植民地になっており、そこから植民地政府発行のコインがタイにも入ってきて、アカ族の帽子に使われたと思われる。

初めのアカ族の印象が強烈だったためか、その後も気になっていろいろ調べていくと、実はゴールデントライアングルは山岳少数民族の宝庫であることがわかってきた。大まかに言っても、リス族、ラフ族、アカ

うまそうにタバコを吸うアカ族のおばあさん

族、ヤオ族、モン族、カレン族などあり、各民族はさらにもっと細かく分かれている。チェンライからは、こうした山岳民族の村を巡るトレッキングツアーも出ている。私も興味を持ち、実際に山に入っていろいろな山岳民族を訪れてみることにした。

中国で旧正月のお祝いが盛んな頃、いくつかの山岳民族も正月を迎える。これは、もともと中国の揚子江上流に住んでいた山岳民族が、漢民族の圧力により南下してきたという事情があるらしい。

まずは、正月を踊りで祝っているというリス族とラフ族の村を訪れてみた。

チェンライから車で一時間ほど山の中に入った、あるリス族の村に昼頃到着すると、もうすでに踊りの輪ができていた。しかし踊りよりも、まずリス族の色彩感覚に驚いてしまった。その服装は、どぎついピンクを基調にし、青や黄色、赤や黒などさまざまな色を使っている。中でも目を引くのは、女性が頭に着けている帽子だ。円盤のような平たい部分からピンクの毛糸の飾りを長く垂らした帽子は、格好といい色彩といい

家の中でタイのテレビ番組を見るアカ族

文句のつけようもないほどセンスの良さを感じる。

　踊りの輪の中心には、一本の木が植わっている。この木は一年に一回、正月に里帰りするという先祖の霊が降りてくる神聖な木なのだそうだ。この木を囲み、三味線を持った男が弾く曲に合わせ、手をつなぎ合った男女が軽いステップを踏みながら回っていく。鮮やかな色合いに見とれてしばらく過ごしていたが、三味線の弾き手は次々と変わっていき、踊りは一向に終わる気配がない。聞いてみると、踊りは夜まで続けられるという。名残惜しいが、近くのラフ族の村に移動することにした。

　ラフ族の村では、前のリス族よりも広い広場で踊りが行われていた。踊りの輪の中心には、背の高い竹が四本立てられ櫓が組まれており、その下に祭壇のようなものができている。その周りを、やはり手をつないだラフ族の男女が踊りながら回っている。

　ラフ族は、リス族のような強烈な色彩を使った民族衣装ではなく、黒地の巻きスカートに青を基調とした上着を着ている。肩や腕には赤の縁取りがあるが、よ

水牛を生け贄にしたアカ族の葬式

埋葬に向かうアカ族の葬列

く見るとそれぞれ刺繍《ししゅう》のデザインが違っていて、どれ一つ同じものがない。ラフ族の衣装は、各人で好みや流行を取り入れているみたいだ。

山に住む山岳民族は、初めに出会ったアカ族のおばあさんのように、埃にまみれ汚い格好をしていると思っていたが、正月にそれぞれ個性のある色鮮やかな衣装を身に付けた様子は、さながら山の中でファッションショーを見ている気分にさせてくれる。こうなったら他の民族の衣装も見てみたくなり、次の日はヤオ族の村に行ってみることにした。

ヤオ族は他の民族と違い、この時期には正月を迎えないという。訪れたヤオ族の村は、踊りをしてにぎやかなリス族やラフ族の村と比べ、静かで地味だった。村人もTシャツやジーパンなど着ていて、山の下に住むタイ人の普段の格好と変わらない。ちょっぴりがっかりして村の人に聞くと、祭りのときには正装するという。せっかく来たのだからヤオ族の正装を見てみたいと思い、無理を言って若い女の子たちに着飾ってもらった。ヤオ族の若い子は、現代の日本人の若者のよ

色鮮やかなリス族

うに自分一人で衣装を着ることができないようで、おばあさんに手伝ってもらっていた。着付けが終わるまでに優に三十分はかかった。

ヤオ族の民族衣装は黒を基調とし、けっこう地味なのだが、目を引くのは襟《えり》に巻いた真っ赤なマフラーみたいな毛糸だ。見るからにふかふかしていて肌触りもいい。上着はこの赤と黒の二色だが、ズボンの刺繍は細かくて緻密だ。リス族と比べて華やかさはないが、このしっとりとした色合いは、またこれでよさがある。

ご自慢の電化製品

しかし、ヤオ族の正装を見て満足したにもかかわらず、なぜか村人が着ていた普段着の方が気になってしまった。今まで見てきたリス族やラフ族の衣装は、正月の特別な晴れ着だった。日本でも正月には晴れ着を着たりするが、普段は着ていない。ヤオ族の若い女の子が自分で衣装を着ることができないことを見ても、普段の生活では都会と変わらない格好をしているようだ。

先祖の霊が降りるという木を中心に踊るリス族

そこで、今度は正月のお祭りがすでに終わっているというラフ族の村に行ってみることにした。ラフ族の中には、正月のお祭りの時期が一か月ほど前に終わっている村があるという。そこを訪れてみれば、普段の村人の生活がわかるという算段だ。

その村は幹線道路沿いに位置しているせいか、一見山岳民族の村といった感じはしない。家もコンクリート造りが多く、今まで見てきた高床式《たかゆかしき》の竹や木でできた家とは明らかに違っていた。案の定、村人も洋服姿で、タイの街中で見る服と何ら変わりがなかった。庭先にゴザを出し、そこに座りながら糸を紡いでいるおばあさん一人が、かろうじて黒地に赤の縁取りがしてある地味なラフ族の民族衣装を着ていた。

村の中でも立派さで目を引く村長の家を訪れてみた。あいにく村長は外出していたが、二十二歳になる娘のナハーさんが案内してくれた。家はコンクリート造りで、居間は十二畳ほどの広さがある。なぜか冷蔵庫が居間にあり、中を開けるとよく冷えたビールがいっぱいに詰まっていた。不思議なことに、冷蔵庫にはビールしか入っていないが、説明によると、食料品などは毎朝、近くの市場に買出しに出かけるため、まとめて買って冷蔵庫で冷やしておくようなことはしないという。毎朝、市場で買った方が冷蔵庫で冷やすより新鮮ということらしい。

「八年前にテレビと電気ポットを買ってから、ステレオ、アイロンと手に入れ、昨年、念願の冷蔵庫を手に入れました。一通り電化製品はそろったので、とりあえずもういらない」と、ナハーさんはちょっと自慢げに話す。

驚いたことに、この村では一家の主は皆、道路工事や建設などの日雇いの仕事で収入を得ているという。農業は副業で、細々としかやっていないらしい。漁師が魚を捕るように、山岳民族と農業は切っても切れない関係だと思っていた私はちょっと理解できなかったが、その最大の原因はタイ政府が焼畑農業を禁止しているためだという。

もともと、山岳民族は焼畑で陸稲などを作りながら移動生活をしていた。しかし、焼畑は山に生えている

日本で流行した厚底サンダルを履くモン族

木を燃やし山林を破壊するため、タイ政府は全面的に焼畑を禁止し、山岳民族に定住化を促進する政策を進めている。その一環として、日雇いの仕事を奨励しているという。

ゴールデントライアングルに住むほとんどの山岳民族は、もともと中国から南下したと前に書いたが、リス族やアカ族が隣国のミャンマーやラオスからタイに移り住んできたのは、たかだか七十年ほど前からだという。ヤオ族やラフ族はそれより少し早かったが、それでも百年ほど前からだ。

彼らは中国から長い時間をかけて南下して、最後に海に面したタイにたどり着いた。ちょうどその頃は、タイが近代化に向かって邁進している時期で、土地所有の法体系なども整備されはじめていた。タイ政府の政策もあり、もはや移動を続ける焼畑農業の暮らしは許されない状況だった。海に面した国にたどり着いたという地理的なこともあったが、すべては時代が変わってしまったのだ。山岳民族はタイ政府から身分証明書をもらい、タイに定住するしか選択肢がなくなった。

輪になって踊るラフ族

ナハーさんは「日雇いの現金収入で生活が楽になった」と喜ぶ。確かにあれだけの電化製品があれば、ほとんどタイの街の生活と変わらない。学校ではタイ語を習い、家に帰ってきてはテレビでタイ語のドラマを見る。自分たちの民族衣装よりも、そのドラマの主人公が着ている洋服にあこがれる。生活の随所にタイ文化が入ってきていた。ナハーさんは、ジャヘラーというラフ族の名字の他に、アピポンサックというタイの名字も持っているという。

ナハーさんの話を聞いているうちに、私は初めて道端で見かけたアカ族のおばあさんの姿を思い出していた。鉄兜をかぶったおばあさんの姿は、実はたいへん貴重な光景だったのだと気づいた。

山の中で暮らす山岳民族本来の生活は、そう遠くない将来、無くなってしまう。ナハーさんの話を聞いて、そう確信した。ナハーさんの村は、もうすでに失っていると言っていい。では、私が感動した、あの独特な衣装を着た山岳民族の人々が山で暮らす生活は今後、見られなくなるのであろうか。私はそうではないと思

それぞれデザインが違うラフ族の衣装

山の中を歩くヤオ族の若い女性たち

ヤオ族の美しい飾り

っている。きっと、いくつかの村は観光客目当てに民族衣装を着て、昔ながらの高床式の家に住む村を作り上げるに違いない。

でも、それって仮装と同じことだろう。

初めて道端で鉄兜をかぶったアカ族のおばあさんを見たとき、私は近所のお祭りの仮装と思った。しかし、なぜあのとき、仮装ではないとすぐにわかったかというと、そのぼろぼろで垢《あか》まみれの異様な風体が発する生活臭を感じたからだった。もし、彼らが観光客向けにしか民族衣装を着なくなったとしたらどうだろう。ピカピカで真新しい民族衣装からは、決して生活臭は感じられないだろう。きっと、仮装していると思って気にも留めないで通り過ぎてしまったに違いない。

山岳民族にとって、タイは本当に安住の地と成り得るのだろうか。ナハーさんが言うように、焼畑農業から定住生活に変わり、貨幣経済に組み込まれることによって生活は楽になるかもしれない。しかし、山岳民族の文化という面で見れば、タイが最後の墓場となることは避けられそうもない。私には、それがいいのか悪いのかわからないが、山岳少数民族のきれいで美しい文化が消えていこうとしている現実に、一抹《いちまつ》の寂しさを感じてしまうのであった。

3 マコロの思い出

チェントン

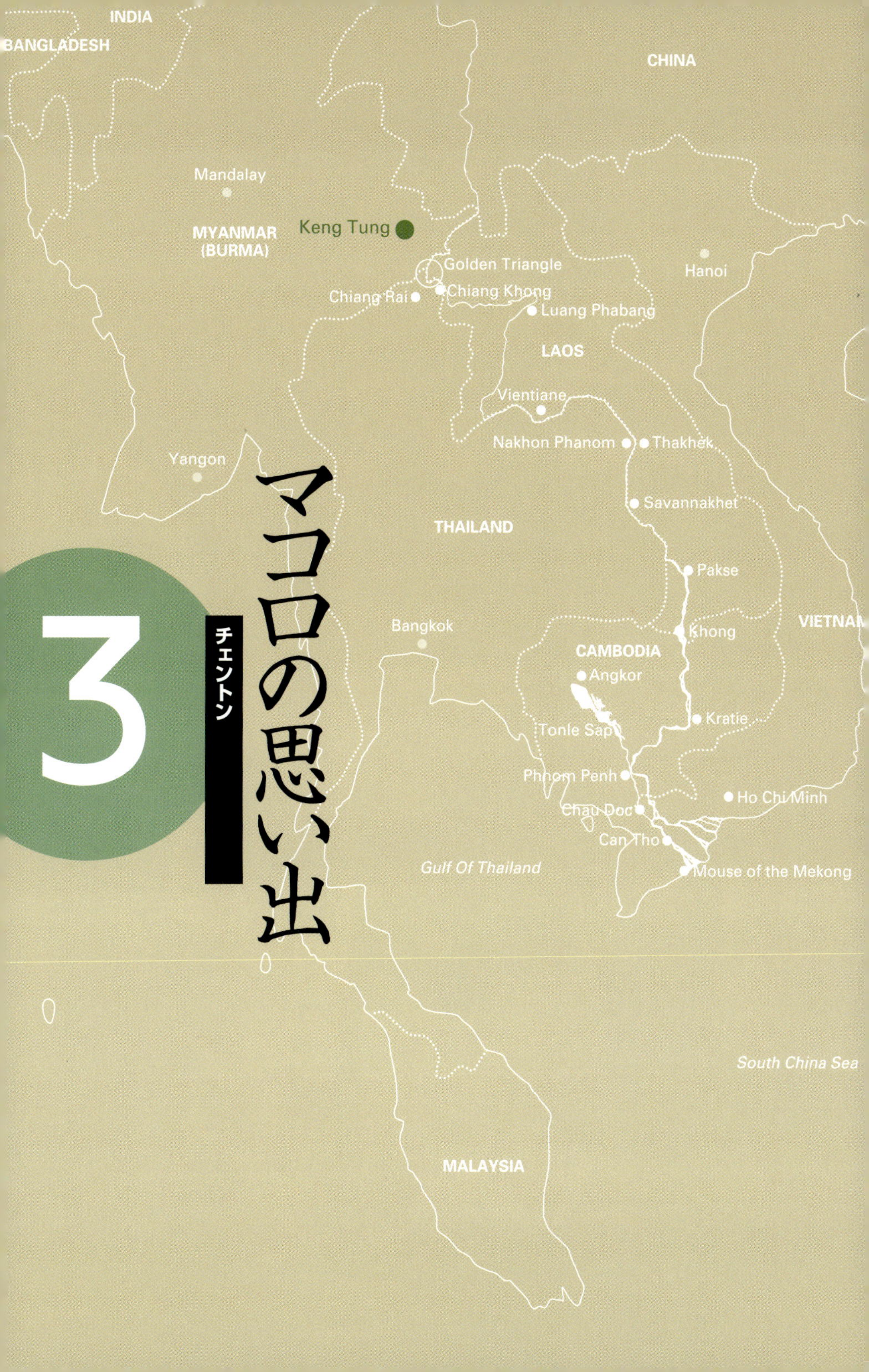

ランタンの明かりの中で熱気あふれるマコロ

サイコロの興奮

ミャンマーのシャン州一帯に、マコロという遊びがある。遊びというよりは、賭けごとと言ったほうがいいかもしれない。

遊び方は至って簡単だ。単に三つのサイコロを転がして、その出た目を当てるだけだ。地面の上に一メートル四方ぐらいの板がおいてあり、その中を六等分してある。そこに数字の一から六まで書いてあり、自分が好きな数字にお金を賭ける。サイコロの一つが自分の賭けた数字と同じだったら、その賭けたお金が戻ってくる。二つ同じだったら二倍、三つ同じだったら三倍となる。

六等分されている板の中で、隣り合っている数字に跨《またが》って賭けることもできる。例えば、横に隣り合っている一と二、縦に隣り合っている一と四というように賭けたい場合は、お金をその数字の境目に置く。この場合、三つのサイコロの出た目のうち、自分の賭けた二つの数字が当たると五倍になって返ってくる。

中国、ミャンマー、19世紀後半の植民地時代のコイン。
賭けられるお金はさまざま

地面の上に置かれている板の上には台があり、サイコロはそこから下に落とされる。三つのサイコロをその台の上に置き、紐《ひも》を引っ張ると下に転がる仕組みになっている。使われるサイコロは日本のように小さいものではなく、五センチ四方もある大きなサイコロだ。角は丸く削られており、ごろごろとよく転がる。サイコロの目は数字だけではなく、魚や鳥、トラなどの動物を描いたものもある。

ゴールデントライアングルに近いミャンマーの街チェントンを訪れたとき、私はマコロを初めて体験した。初めは見ていただけだが、しばらくするとどうしてもやりたくなってくる。そこで恐る恐る十ミャンマー・チャットを三の数字に賭けてみた。転がったサイコロの一つに三が出て、賭けた十チャットが戻ってきた。すかさずもう一回、今度は六の数字に十チャットを賭けてみる。なんと今度は二つのサイコロに六が出ているではないか。これで二倍の二十チャットが戻ってきた。

もしかすると博打《ばくち》の才能があったかな、などと勘違いしながら、今度は十五チャットに増やし四に置いた。しかし、三つのサイコロの出た目は一と二と五。初めて負けてしまった。一回負けると、逆に取り戻してみせようと熱くなってしまい、縦に並んでいる三と六の数字の境目に跨って一挙に五十チャットを賭けた。五十チャットといっても、日本円に換算してしまうとたかだか三十円ほどだ。紐が引かれ、上から落ちるサイコロのごろごろといった音の行方を緊張しながら見ていると、出た目は二と三と六。確かに三と六が出ている。思わず日本語で「やった」と叫んでしまった。これで五十チャットの五倍の二百五十チャットを獲得した。

その後はちびちびと一つの数字に賭け、勝ったり負けたりを繰り返した。儲けた二百五十チャットがなくなったら終わりにしようと思っていたが、サイコロの目はけっこう当たるものでなかなか減らない。初めからミャンマー・チャットを稼ごうなどと思っていたわけではないので、だんだんじれったくなってきた。最後の方は百チャットも一挙に賭けたりした。やっと持

市場で買い物をする山岳民族

ち金がなくなったのは、マコロを始めてから一時間以上も経っていた。

しかし、たった十チャットほどのお金で一時間以上も遊べるのだから、マコロは病みつきになってしまうほどおもしろい。そのおもしろさの理由は、単純で簡単だからだ。単純だから誰でもできる。周りで賭けているミャンマーの人も、特別金持ちがいるわけでもなく、至って普通の人たちだ。マコロは庶民の遊びのようだ。

一つ不思議だったことは、マコロに賭けられるお金にはミャンマー・チャットだけではなく、中国のお金である元もあることだった。これは、チェントンが中国国境に近く、中国との国境貿易で栄えているという街の事情によるものらしい。確かに、市場でも中国産のものが数多く売られており、その売買には中国元も使われている。街中では中国のシュウマイと同じものが売られていたり、人々の顔立ちも中国人や日本人にそっくりだったりして、随所で中国との関係が深いことをうかがわせてくれる。サイコロを使ったマコロも、

さまざまな飾り物を持って寺院に参拝

おそらく中国から伝わった遊びだろう。

時計を見ると、もう夜の九時を過ぎている。しかし、遊んでいる人たちは一向に帰る気配がない。このマコロが並んでいる一帯は、チェントンの中心にあるナウントーン湖のほとりにある。湖といっても池みたいに小さなものだ。昼間、この湖の前を通りかかったときには閑散として静かだったが、夜はチェントンの歓楽街に変身する。

チェントンは静かで小さな街だ。特に見どころといったものも見当たらない。早朝、広大な敷地を持つ市場での喧騒《けんそう》が過ぎると、街は早くも昼寝に入ったかのように静かになってしまう。街を歩く人々も穏やかで控えめだ。ミャンマーの首都ヤンゴンのビルマ族と比べると、シャン族は色白で、特に女性は美人が多いように思える。しかし、昼間の静けさに飽き足らない人も多くいるみたいで、そういった人々が夜、集まる場がこのナウントーン湖のほとりのようだ。

マコロが並んでいる場所の横には、湖に突き出して水上ディスコもある。この水上ディスコも見ていると

洞窟寺院でお祈り

ケシ栽培をするワ族の男

ケシ坊主を食べる牛。アヘン中毒にならないのかな？

おもしろい。夜になると、天井からつり下げられた一つのミラーボールの下で、若者たちが踊り狂う。客といってもほとんどが男だ。しかし、ここの客は水上ディスコの外で行われているマコロに群がる人々とは違い、見かけはちょっと金持ち風だ。

その客を取り巻く周りには、普通の女性とは雰囲気の違うミニスカートをはいた若い女性たちが座っている。普通、ミャンマーでは、女性は足首まで隠す伝統的な巻きスカートのロンジーを身に付けており、ミニスカートをはいている女性を街中で見ることはない。このミニスカートの一団は、客の求めに応じいっしょに踊る女性たちだ。

男たちは、気に入ったミニスカートの女の子を指名し、ミラーボールの下でいっしょに踊る。しかし、この女の子たちの踊りは、これを踊っていると言っていいのかと思ってしまうほどぎこちない。単に体を左右に揺らしているだけなのだ。男と目線を合わせるわけでもなく、ただつまらなそうに体を動かしている。まあ、日ごろ男女が外でいっしょに遊ぶことがまだまだ

お祭りの日、ピカピカの民族衣装

華麗な民族舞踊

一般的でないミャンマーの、しかも首都ヤンゴンから遠く離れた片田舎では、普段目にすることのないミニスカートの女の子といっしょにいるだけで満足なのだろう。

❖悲しい噂

その後、チェントンには行く機会がなかったが、タイのメーサイと国境を接しているタチレクで、チェントンの噂を聞くことができた。その噂によると最近、静かなチェントンにもカラオケやパブなどの店が急増し、この水上ディスコも客足が落ちているという。

さらに残念なことに、マコロが禁止されてしまったという。理由は、マコロに熱中しすぎてお金を失ったり、身を持ち崩してしまったりした人が増えたためという。私も短時間だがマコロの面白さにはまってしまった経験があるため、この理由はよくわかるのだが、しかし、それでマコロを禁止してしまうのはやりすぎのような気がする。あのマコロに夢中になっていた庶民はどうしているのだろうか。カラオケやパブが多く

夕暮れ、家路に

なったとはいえ、庶民にとって毎日通うにはお金がかかるだろう。

聞くところによると、タイのチェンライやゴールデントライアングルにある村々でも、三十年ほど前までマコロが行われていたという。タイは直接中国と国境を接していないが、チェントンを通じて中国との結びつきは強い。最近ではメコン川を行き来し、中国とタイで貿易が行われている。こうした地理的な近さで、タイ北部でマコロがはやっていたことは容易に想像できる。しかし、タイでも今回のミャンマーと同様の理由でマコロが禁止になってしまった。

マコロを禁止してしまったタイは、その後順調に経済発展し、今では所得が上がったタイ人の中産階級は、ゴールデントライアングルで観光を楽しんでいる。それどころか、賭けごとという面では本質的にマコロと同じカジノを楽しみに、ミャンマー側に進出している。

ミャンマーでマコロを禁止してしまった人は、まさかマコロを禁止すれば国民がまじめに働きだし、タイのように経済発展すると考えたわけではなかろう。そ

寺院で遊ぶ修行僧

れにしても、ミャンマーはマコロを禁止してしまった一方で、国内にタイ人のためのカジノを開くという矛盾したことを行っている。将来、タイのように経済発展して人々の所得が上がり、ミャンマーの普通のおばさんたちがカジノに熱中しだしたらどうする気なのだろうか。

私から見れば、静かで活気のないカジノの中で整然と賭けるよりも、ランタンの明かりに照らされながら大声でわいわいと小額紙幣が飛び交うマコロの方がよっぽど健全で楽しいと思う。経済発展していく過程の中でいろいろなものが変化していくが、その一つとしてマコロからカジノに変わってしまうならば、それはあまりにも悲しいことだ。なぜならば、カジノは世界共通のルールで行われているが、マコロはゴールデントライアングル一帯でしか行われていないのだ。いや、文化の消滅などということよりも、ただ単に、禁止しなければ人々が身を持ち崩してしまうほど面白いものが消えてしまうことが残念なのだ。

どうやら、ゴールデントライアングルの夜は、どんどん寂しくなっていくようだ。

4

チェンコン

神の使者

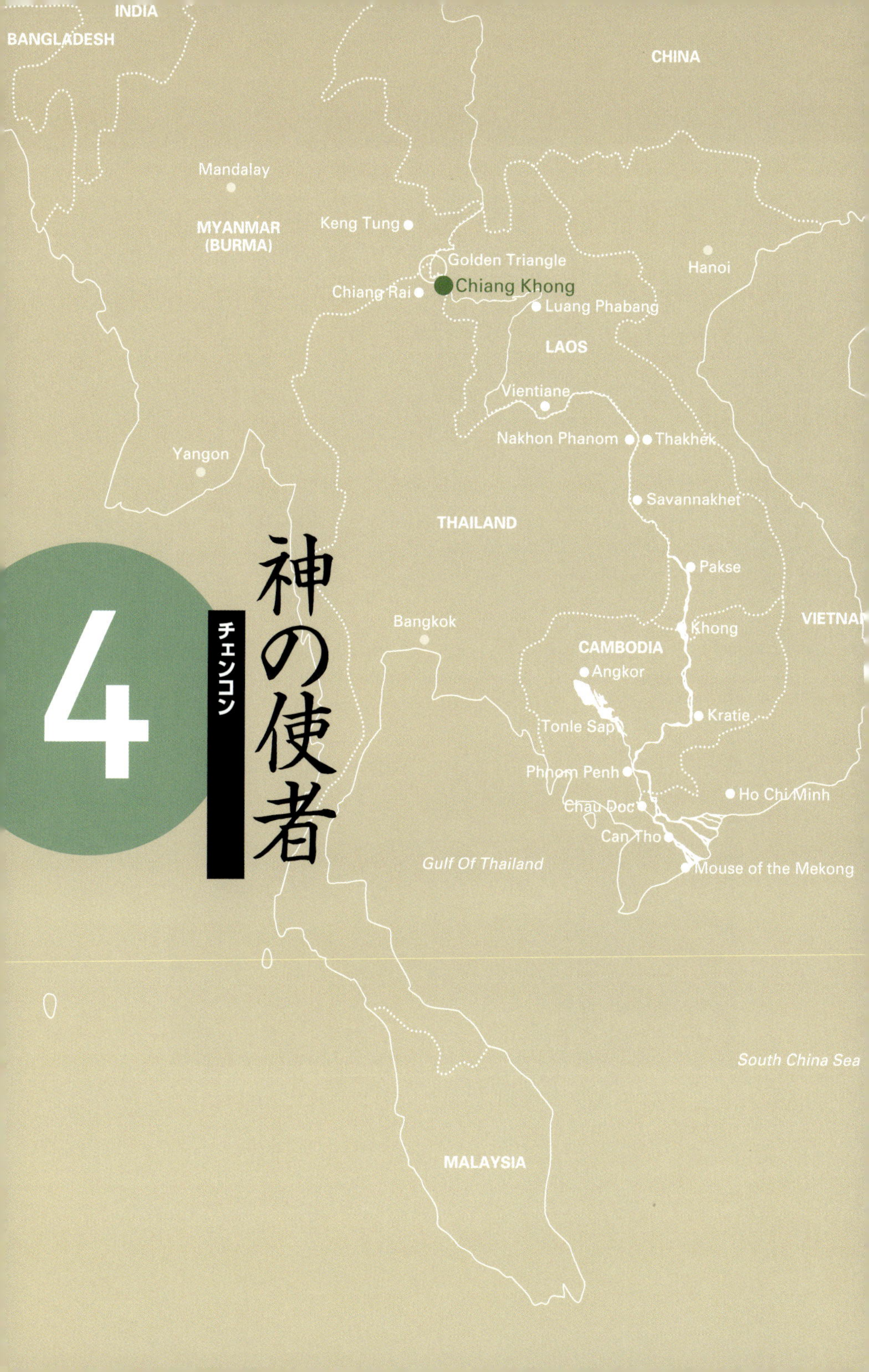
INDIA
BANGLADESH
CHINA
Mandalay
MYANMAR
(BURMA)
Keng Tung
Golden Triangle
Chiang Khong
Chiang Rai
Luang Phabang
Hanoi
LAOS
Vientiane
Nakhon Phanom
Thakhek
Yangon
Savannakhet
THAILAND
Pakse
Bangkok
Khong
VIETNAM
CAMBODIA
Angkor
Kratie
Tonle Sap
Phnom Penh
Ho Chi Minh
Chau Doc
Can Tho
Gulf Of Thailand
Mouse of the Mekong
South China Sea
MALAYSIA

✣謎の竜

ゴールデントライアングルのレストランの壁に、その写真は飾られていた。厳密に言うと、写真を印刷したもので、下にタイ語と英語の説明が付いている。

写真には、筋肉隆々の大男たちが横に十五人並び、竜に似た生き物を抱えながらカメラに微笑んでいる光景が写っている。

下の写真説明には、「一九七三年六月二十七日、ラオスにある米軍基地のアメリカ兵が、メコン川で長さ七・八メートルのナーガの女神を捕まえた」と書かれている。ナーガとは蛇神で、もともとヒンドゥー教の神なのだが、東南アジアの仏教寺院でもよく屋根や欄干などにかたどられている。ヒンドゥー教の本を見たら、ナーガには男神と女神の両方いるらしいが、この写真説明では女神となっている。

しかし、アメリカ兵が抱えているその生き物は、蛇というよりは竜に似ていた。写真の右端にその生き物の顔が写っているが、目玉はかなり大きい。写真はか

雨季に入り水かさが増し、水没寸前の漁師小屋

なり退色しているので本来の色はわからないが、目玉は緑色をしている。抱えているアメリカ兵の腕の大きさと比べて推測すると、おそらく直径七センチ以上はあると思われる。

目玉の下に魚のえらみたいなものもある。頭全体は五十センチほどありそうだ。グレーの胴体も四十センチぐらいの太さはあり、尻尾の方にいくほど細くなっている。背中には、赤色の魚の背びれみたいなものが付いている。写真説明に重さの記述がないが、尻尾の方を持っている兵士が突っ立ったまま軽そうにしているのに比べ、頭の方を抱えている兵士たちが腕の筋肉を筋だたせ腰をかがめているのを見ても、頭部は相当の重さのようだ。

タイ北部の街ノンカイで毎年十月の満月の夜、メコン川の水面から、ピンクや白の火の玉みたいなものが上がるという話がある。地元では、これをナーガの神が吐き出す炎だと言っている。

私はこの写真を見たとき、長年探し求めていたものに出会えたという感想を持った。メコン流域では、こ

メコンのほとりで昼休み

のような地元の言い伝えをよく聞くからだった。この写真に写っている、今まで見たこともない異様な生き物は、メコン川に住むナーガの神ではなかろうか。話に聞いていたメコンの神にやっと出会えたという満足感みたいなものを、写真を見て感じたのだった。

しかし、この写真に写っている竜を偽物と思っている人が少なからずいる。このレストランのウェイトレスたちに聞いても、本物と思う人、偽物と思う人、半々だった。偽物説を唱える人は、この生き物が後にも先にもこの写真以外、捕まえられたという報告がないことを根拠としている。メコン川では毎日、どこかで魚を捕っている。その網にかからないのは不自然だ、と言うのである。

私には、どう見てもこの竜が張りぼてのようには見えない。その理由は、この竜を抱えているアメリカ兵の表情にある。竜を抱えている十五人の兵士は、ほとんどカメラに向かって笑顔で写っている。しかし、その中で二人の兵士が歯を食いしばっているように見える。これは竜の頭部が相当重いからだと思われる。張りぼてを持っているにしては、兵士たちの表情が本気すぎるように思えるのだ。

❖にわか漁師

この竜の真偽はともかくとして、メコン川には世界でも稀な生き物が棲んでいることは事実だ。その一つがプラー・ブックという巨大ナマズだ。

タイ語でプラーは魚、ブックは大きいという意味だ。文字通り、大きな魚なのだが、その大きさが半端ではない。大きいものは体長三メートル、重さ三百キロ近くまで達し、うろこのない魚では世界一と言われている。

プラー・ブックは、世界中でメコン川にしか生息していない。四月から六月の産卵期にラオス南部からメコン川をさかのぼり、中国の雲南省あたりで産卵を終えるとまた下流に下ってくるらしい。しかし、その生息地域や生態についてはまだまだ不明な点が多い謎のナマズだ。

タイ北部にあるチェンコンのハードクライ村では、

プラー・ブックを捕らえ、満面の笑みを浮かべるラオスの漁師

ラオスからタイ側に売られるプラー・ブック

一日の終わり。親子がメコンを渡る

毎年四月下旬から五月末までプラー・ブック漁が行われる。ちょうどこの時期は乾季が終わる頃で、一年で一番メコン川の水量が少なくなる時期だ。狭くなった川幅いっぱいに網を舟で流し、プラー・ブックを捕獲する。

私がプラー・ブックを見に初めてハードクライ村を訪れたのは、六年前だった。日の出前に川岸に降りてみると、川面をライトで照らしながら、小舟がひっきりなしに流れてくる。漁は夜通し続けられていた。

川岸には臨時の掘っ立て小屋が並び、漁師たちはその中で暮らしていた。川に舟を出す順番は決められており、一度出ると次の漁まで一日近く時間が空いてしまう。その空いた時間を過ごすために、掘っ立て小屋が作られていた。なぜ、そんなに長い時間が空いてしまうかというと、漁をする舟はタイ側で約七十隻、対岸のラオス側で約三十隻もあるからだ。その舟が一定の間隔で順番に漁に出て行く。一隻にだいたい三、四人の漁師が乗り込むというから、たった一か月あまりの短い期間に三、四百人がこの小さな村に集まる計算になる。普段は静かで小さな村も、この時期は二十四時間、喧騒に包まれている。

漁師といっても、普段から本業でやっている人は誰一人いない。ほとんどが田畑を持っていて、農作業の傍らに魚を捕っている程度だ。しかし、プラー・ブック漁となるとその人たちだけでなく、中には学校の先生や警察官などが仕事を休んで参加している。

なぜ、近隣からにわか漁師が集まってくるほどプラー・ブック漁が盛況なのか。それはプラー・ブックの肉が珍味で、高値で取引されるからだ。肉は一キロあたり二百バーツ以上で仲買人が買い取ってくれる。仮に二百五十キロのプラー・ブックを捕まえると、五万バーツにもなる。漁に参加した仲間と分け合ったとしても、半年分の収入を手に入れることができるのだ。

しかし、にわか漁師たちが毎年、実際にこれだけの大金を手に入れているかというと、そう甘くはない。プラー・ブックはなかなか捕獲できないのだ。私も漁師の掘っ立て小屋に入れてもらい、一日中プラー・ブックが捕まるのを待ったが、結局その姿を実際に見る

チェンコンの対岸、ラオス・フエサイの市場にて

ことができたのは五日後だった。しかし、たったの五日間でプラー・ブックの姿を拝めたのは幸運だった。なにしろ、私が訪れる前にもうすでに二十日以上も漁をやっていたにもかかわらず、一匹も捕れていなかったからだ。

✣巨大ナマズ出現

実は、私が初めて目にしたプラー・ブックはラオス側だった。その日も夜明け前に川岸に降りていくと、顔なじみになったタイの漁師が「今さっき、ラオスの漁師がプラー・ブックを捕まえた」と教えてくれ、私のために小舟を用意して待っていてくれた。しかし、私はラオスのビザを持っていない。困って漁師に相談してみると「マイペンライ」と言う。つまり、気にしないでいい、ということらしい。

着いてみると、そこはまだメコン川の中洲だった。このかなり広い中洲はラオス領ということだった。そこにタイ側と同じように掘っ立て小屋が数軒建っているが、タイのものと比べると貧弱で数も少なかった。

ラオスのフエサイには、ベトナム戦争の米軍の不発弾が今も残る

捕まえられたプラー・ブックは岸の近くまで運ばれていて、その姿を半分川から出していた。漁師たちが四、五人で動かそうとしていたが、抱えようとしても抱えきれないほど大きかった。体の割に目が小さくてかわいらしい。その気の弱そうなプラー・ブックの目と、その横でもうすでに大金を手にした気分で満面の笑みを浮かべている漁師を見比べていると、気の毒で逃がしてやりたい衝動に駆られてきたのを覚えている。

それから四年後、私はもう一度ハードクライ村を訪れた。メコン川に降りる土手にはコンクリートの階段ができていて、村も整備されていた。しかし、なぜか以前のような活気がない。それもそのはず、約一か月の漁期がもう終わろうとしているのに、まだ一匹も捕れていなかったからだ。

プラー・ブック漁は、年によって当たり外れがあるようだが、漁師に言わせれば、それはメコン川の水量によるという。この時期、メコン川は水深十メートルぐらいまで浅くなるのだが、年によっては水深がそれほど下がらないこともある。この年は水深が十五メー

プラー・ブック漁で大金を得たにわか成金の車

プラー・ブック漁解禁の日、神に祈る

トルと深かった。これでは漁網が川底近くまで届かないので、遡上《そじょう》するプラー・ブックがくぐり抜けてしまうということだった。

しかし、年々捕れるプラー・ブックの数は確実に減ってきている。プラー・ブック漁は八十年ほど前から行われていたが、その頃は今のように肉がバンコクのレストランにまで売られることもなく、村人で分け合っていただけだった。地元では、プラー・ブックのことを「神の使者」と呼んで、その肉をありがたく頂くことによって精力がつき長生きできるようになると考えられていた。それがしだいに珍味として珍重されるようになり、漁に参加する人の数が急増し、プラー・ブックは乱獲されだした。十一年前には一か月で六十九匹も捕れたという記録もある。

さすがに一匹も捕れなかったことは、地元の人々にとって衝撃だったらしい。と言っても、プラー・ブックが絶滅してしまったのではないかという危機感というよりも、どうも一獲千金を狙える機会がなくなった絶望感を感じているように私には見える。かつては「神の使者」と呼ばれていたプラー・ブックも、今は金に目がくらんだハンターたちにとって、ただの獲物としか映っていないようだ。

一九七三年に米兵によって捕らえられたナーガの女神が、地元の言い伝えにあるメコン川に住む神だったならば、神の使者であるプラー・ブックは、ナーガの女神の使いということになるのだろう。女神は捕らえられ、その使者は絶滅の危機に瀕している。金に目がくらんだハンターたちの物語は、きっと後世に語り継がれるに違いない。物語の結末は、だいたい神の恩返しか、あるいはしっぺ返しの話で終わるのが相場だ。この場合、どう考えても神のしっぺ返しが待っている。さて、メコンの神はどんなしっぺ返しをするのであろうか。

朝焼けに網を投げ入れる漁師

5 ピーと僧侶

ルアンパバーン

✣ラオスで一番恐いところ

ラオスの首都ビエンチャンで知り合ったラオスの若者に、こう聞いてみたことがあった。

「ラオスの中で、一番恐いところってどこ」

なぜ、こんな質問をしたかというと、私はメコン川流域の国の中で、ラオスが最後の秘境であると思っているからだ。地理的に山間部が大部分を占め、政治的には鎖国状態が長かったラオスでは、外国人がまだ足を踏み入れたことがない、知られざるところがまだまだ残っていそうな気がする。特に、お化けなんかが出てきて、背筋のぞくぞくするような恐い体験がラオスでできるのではないか、そう勝手に思ったからだった。

彼はしばらく考えていた。

「ルアンパバーンかな」と彼は答えた。

ルアンパバーンなら私も知っている。世界遺産にも登録され、ラオスで一番の観光地として名が知れているからだ。そのルアンパバーンがラオスの中で一番恐いところになるのか。

私は自分の質問の仕方が悪かったと思い、もう一度言い直した。

「恐いところっていうのは、お化けが出そうなところで、キャーと言って逃げ出したくなるようなところだよ」

この説明で相手が本当にわかったかどうか知らないが、彼は「だから、ルアンパバーンだよ」と再び同じ答えをしたのだった。

私は困惑してしまった。観光地と秘境、この相反する二つはどうしても結びつかなかった。

彼は、私の困った顔を見て、なぜルアンパバーンなのかを語り出した。彼の説明によると、それはラオスの中で一番お寺が多いからだという。

ラオスのお化けはピーと呼ばれている。本来、ピーは精霊の意味なのだが、ラオスではしばしばお化けと同一視されているみたいだ。ピーは山や川、森や木、池や湖などいろいろなところに宿っている。だから人の住まない山や川などに行けばピーに会えるが、ラオスではまだ道が整備されていないので、なかなか行く

メコンのほとりにあるかつての王宮

朝、オレンジ色のおごそかな托鉢の流れ

寄り添うワット・シェントーンの仏像

のが大変だ。だから、手っ取り早くピーに会えるところがお寺なのだそうだ。お寺の境内にはたいてい大きな木があり、そこには必ずピーが宿っているという。

秘境に行くのが大変だから、というところに、私に対する彼の親切心を感じるが、それにしても本当にルアンパバーンのお寺でピーに会えるのだろうか。まだまだ彼の説明を聞いても半信半疑だったが、とにかく、彼はルアンパバーンに行く楽しみを一つ増やしてくれたのだった。

❖お寺の街

ルアンパバーンを訪れてみると、確かにお寺が多い。街は歩いて十分回れるほどのこぢんまりした広さだが、その中に八十以上のお寺があるという。歩いた印象では、大きなお寺とお寺の間に人家が密集して建っているといった感じだ。

ルアンパバーンで必ずしなければならないことは、朝六時前に起きて街に出ることだ。これをしなければ、この街に来た意味がない。

古寺ワット・マイの仏の世界

早朝まだ暗い中を、王宮博物館の前から古寺として有名なワット・シェントーンの方に向かって歩いていく。その途中、どこでもいいが自分の好きなところで立ち止まりしばらく待っていると、遠くからオレンジ色の袈裟《けさ》を着た僧侶たちの一団が歩いてくるのが見えるはずだ。

僧侶の一団は、通りの右からも左からも出てきて自然とつながり、いつしかオレンジ色の長い列ができている。その列が近づいてくる頃には、僧侶たちにお布施をする地元の人たちが家の中から出てきて、地べたにひざまずき待っている。その荘厳な托鉢《たくはつ》の風景に見とれていると、時間が経つのを忘れてしまう。

僧侶たちが通り過ぎてしまっても、慌てることはない。王宮博物館の通りから横道に入り奥まで進んでいくとメコン川にぶつかる。そこで待っていると、先程通り過ぎていった僧侶たちが折り返してきて、再び目の前を通り過ぎていく。その頃には太陽の光も強さを増し、袈裟のオレンジ色がより鮮やかに見える。同じ托鉢の列でも、薄暗い中で見るオレンジ色と明るくな

古寺ワット・シェントーンの仏の世界

黄金色のメコンの川面

ってから見るオレンジ色ではかなり印象が違って見え、二度楽しめる。ルアンパバーンでは、早起きは必須なのだ。

通り過ぎた僧侶の最後の列にくっついていくと、ワット・シェントーンの境内に入っていった。托鉢を終えた僧侶たちは、すぐに境内の掃除を始めた。見ていると、まじめに隅から隅まで丁寧《ていねい》に掃いている僧もいれば、隣の僧としゃべってばかりで一向に手が動かない僧もいる。本堂の裏を通り過ぎると、タバコを吸っている僧を見かけた。修行中の僧がタバコを吸っていいとは聞いたことはないが、と思って見ていると、彼は掃除をやっている仲間の横を堂々とくわえタバコで歩いていった。

タイのような小乗仏教の世界では、男子は一生のうち一度は出家して仏に仕えなければならないといった習慣がある。ラオスでは、一九七五年の革命で社会主義体制になると仏教に対する弾圧が強くなり、必ずしも出家が奨励されたわけではなかったが、現在ではそうした習慣も徐々に復活しつつあるという。ただ、出

托鉢の列を追いかけて

家といってもたかだか一週間ぐらいの短い期間だけということもあり、中にはいやいやながら出家を余儀なくされた修行僧もいる。そのような僧が不真面目でタバコを吸ったりするのだろう。

しかしその後、いろいろな寺院を回っていると、こうしたいいかげんな僧がけっこう目についた。ある寺院では、十歳ぐらいの修行僧が近所の子供たちにおもちゃのピストルを突きつけて遊んでいた。内戦の続いたラオスでは、戦争が身近だったこともあり、街中で戦争ごっこをしている子供たちが多い。しかし平和を願う僧が、たとえおもちゃといえども自分よりも小さな子供にピストルを向ける行為は考えものだ。普段、寺院の中でどういう教えをしているのか、疑問に思ってしまう。

托鉢が終わった後の食事の席で、札束を念入りに何回も数えている僧もいた。僧はお金を持たず修行に専念するために、毎朝托鉢をするのではなかったのか。人々からお布施を受けたすぐ後で札束を数えられると、荘厳な早朝の儀式も色あせてしまう。

おもちゃのピストルで遊ぶ修行僧

メコンを渡り対岸の寺院に行く僧たち

✣いたずら好きのピー

ところでピーの話だが、ルアンパバーンでもいろいろと聞いてみた。私が聞いた人の中には実際にピーを目撃した人はいなかったが、その人の友達や親など周りの人でピーに出会った人はけっこういるらしい。そこで聞いた話では、ピーはいたずら好きだそうだ。特に悪い人の前にはよく出ていたずらをするという。

例えばこんな話がある。あるとき、三人のどろぼうが盗みをした後の帰り道、深夜山の中を車で走っていると、お祭りをやっている村があった。彼らもその中に混じって酒を飲んだりして楽しんだ後、いい気分になったのでその夜はビールを買って村にある宿舎に泊まることにした。部屋に入ってしばらくすると、ドアをノックする音がするので開けてみると誰もいない。どこからともなく冷たい風が吹いてきた。こんなことが三回続き、気持ちが悪いのでビールでも飲んで寝てしまおうということになり、ビールの栓を抜いたら中から真っ赤な血が出てきた。驚いた三人は、部屋を飛び出し逃げ出した。翌日、明るくなってからもう一度その村に行ってみたら、そこには廃墟になった村しかなかった。三人は、これはピーの仕業だと思ったという。

また、こんな話もある。二人の男が夜道を歩いていると、後ろから猛スピードで車が走ってきて二人のすぐ後ろで止まった。振り返ってみると、車のタイヤが地面についていなくて、運転席には誰も座っていなかったという。これが一人だけの話なら夢でも見ていたと思うかもしれないが、二人が同じ体験をしているのだから本当だ、と言うのだ。

ピーがよく出没するといわれるお寺では、こんな話がある。ある人が夜中にお寺の境内に入っていくと、大きな木の下で長い髪を垂らした女の人が立っていた。よく見ると、その髪の毛は地面にまで達し、その先はまだまだ伸びていたという。

昼間、ワット・シェントーンの僧に聞いてみると、お寺の境内には夜八時以降に入ってはいけないという。もちろん、中にいる僧侶たちも外出はしない。夜八時以降はピーが出てくる時間なのだそうだ。この話は嘘

托鉢姿の仏像

か本当かわからない。もしかすると、その僧が私をからかっていただけかもしれない。しかし、これは本当の話のようだが、中にはピーが恐くて出家したくてもできない子もいるらしい。確かに、長い髪を垂らした女の人が毎晩外に立っていたら恐いだろう。

しかし、ワット・シェントーンの僧はこうも言っていた。

「ピーはお坊さんには悪さをしないのだよ」

彼によると、ピーにもいろいろあるらしい。ピーは自然界に宿っているだけでなく、亡くなった人の魂が遊離しピーになる場合もある。もちろん、先祖の霊もピーになっている。ラオスの人は生前、僧侶には托鉢で喜捨し、日々敬っているため、ピーになっても僧侶にだけは悪さをしないのだという。

では、タバコを吸ったりする僧にはピーは悪さをするのでしょうか、と聞こうとして止めた。ピーが僧侶には悪さをしないと言うからには、僧侶は皆、まじめに生活をしていると彼は思っているに違いない。そういう彼に、あまりにも失礼な質問だと思ったからだ。

夜、再びワット・シェントーンに行ってみた。本堂の裏の方を表通りからのぞいてみると、修行僧が寝起きをしている僧坊はもう既に静まりかえっている。境内の奥の方は真っ暗だ。

ビエンチャンでピーの話を聞いたときは、ルアンパバーンに行ったら絶対に夜、お寺の境内に入ってみようと思っていたが、昼間、ワット・シェントーンで僧の話を聞いてからは、外からのぞくだけにしようと気が変わっていた。たとえ、ある僧がタバコを吸っていたとしても、私の知らないところでいい行いをしているかもしれない。そういう面もピーはちゃんと見ていて、僧侶には悪さをしないに違いない。反対に、夜八時以降に境内に入ったら、私は僧侶の教えに背いたということでピーに悪さをされてもおかしくないだろう。

そう思いながら、ワット・シェントーンを後にした。けれど、正直なところを言うと、本当は真っ暗な境内に入るのが恐かっただけなのだ。

僧侶の街では僧侶に従え、これがルアンパバーンでの教訓だった。

6

砂上の屋台村

ビエンチャン

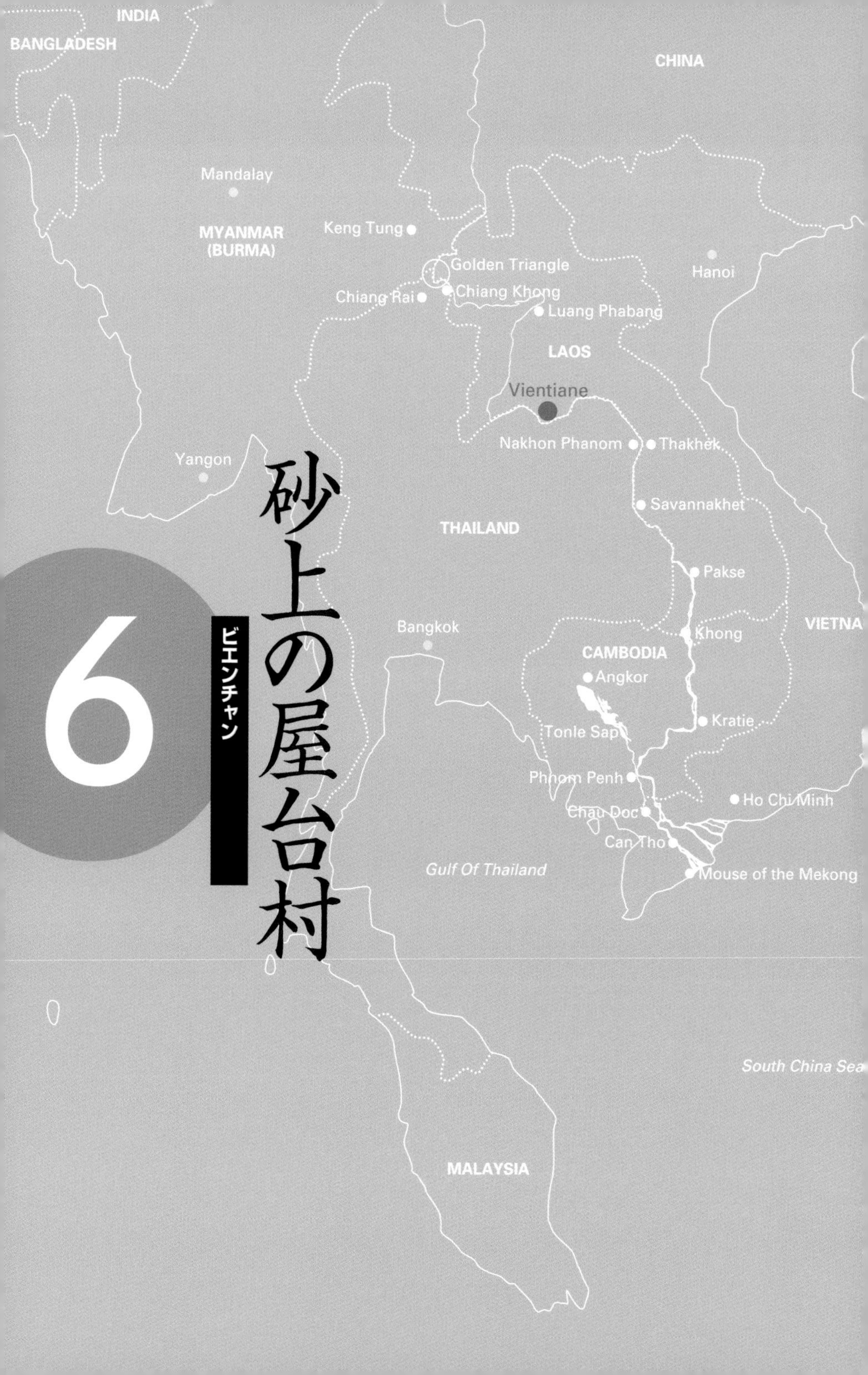

❖ビエンチャンの朝

東南アジアの街は、概して朝が早い。日の出前にはもう人々は起きだして活動を始め、通りでは車のクラクションが鳴り響く。この朝の活気は、東南アジアのどこへ行っても感じられ、ゆえにアジアらしさといえば、よく「朝がうるさい」だの「遅くまで寝ていられない」といった否定的見方も時にはされる。しかし、これには正当なわけがあり、真っ昼間はとても暑いのだ。とても働こうという意欲が湧いてこないほど暑いのだ。だから少しでも涼しい時に仕事を終わらせてしまおうとするため、必然的に朝が早くなる。

しかし、このアジア的法則が当てはまらない街がある。それがラオスの首都ビエンチャンだ。この街は、朝がとても静かだ。かといって、昼間も喧騒というには程遠く、一日中眠たくなるような街だ。

ビエンチャンの中心部に、噴水があるナンプ広場がある。早朝、この広場に立ってみる。時折、犬を連れて散歩をする人やジョギングする人が通るぐらいで、人通りは極めて少ない。もともと、一国の首都といってもビエンチャンの街自体が他の東南アジアの大都市と比べると小さく、歩いても十分回れる。私はビエンチャンを訪れるたびに、朝が静かなこじんまりした街として東南アジアでは貴重な存在だと思っていた。

しかし昨年の年末、早朝にナンプ広場からメコン川のほうに向かい歩いていると、何やらにぎやかな音楽が流れている。いや、にぎやかを通り越して、大音響で鳴り響いていると言った方が正確だ。その音楽は小刻みなアップテンポで、この静かなビエンチャンの朝には全く似合っていなかった。

初めは、ビエンチャンにもディスコができ、夜通し営業していると思っていたのだが、それにしては音がでかすぎる。しかも、こんな大音量で一晩中流していたら、いくらおとなしいラオスの人たちも苦情の一つでも言うだろう。不思議に思って音源の方に向かってみると、メコン川を望む小さな広場で、人が集まってエアロビクスをやっている。日本でいうとラジオ体操みたいなものだった。

ほのかに赤く染まる古塔タートダム

メコンにせり出した砂丘で遊ぶカップル

壇上でエアロビクスの先生が踊り、それを参加している人がまねしながら一緒に踊っている。動きは激しいし、しかもやっている時間がやたら長い。私が六時前にここに着いたときにはすでに始まっていて、それが七時を過ぎてもまだ同じ調子で続いている。朝早くから、しかも一時間以上もの間、こんな大音量でエアロビクスをやっていて、近所から苦情がこないのが不思議なくらいだ。

ついにビエンチャンも他の東南アジアの都市と同様、朝の静けさがなくなってしまったかと、私は正直言ってがっかりしてしまった。しかし、エアロビクスをやり始めた人は、逆にビエンチャンの朝を活気づかせようとして始めたのかもしれない。

このエアロビクス会場の前は、メコンの川岸だ。ここは夜になると五十件以上の屋台が出て、屋台村が出現する。屋台村に夕涼みを兼ね食事をしにやって来る家族連れや観光客が集まり、その中をビール売りのお姉さんたちが行ったり来たりして、ビエンチャン最大の夜の歓楽地に変わる。面白いことに、若者ほどメコン川に近い暗がりを好み、そこでよくカップルがデートしていた。

夜、訪れると気づかなかったが、こうして朝、エアロビクスの会場から見ると、屋台村がものすごく不自然な場所にできているのがわかる。このあたりのメコンの川岸は、上流から運ばれてきた黒っぽく固い土が堆積してできている。しかし、この屋台村のところだけは白っぽい砂が幅三十メートル、長さは百メートル以上あると見えるが、とにかくかなりの広さが川に向かって平らにせり出しており、まるで砂丘のような光景なのだ。今は乾季で水位は低いため、この砂丘の端から見下ろすと、七、八メートルも下にメコン川の水面が見える。もちろん、この砂丘は自然にできたわけではなく、屋台村のために人工的に造られたものだ。

❖ラオスの意地

しかし驚いたことに、あれほどにぎわっていた屋台村が一か月ほど前に突然閉鎖され、撤去されてしまった。理由は、雨季にメコン川の水位が上がると白砂が

メコンに沈む夕日

流され崩れる危険性があり、抜本的な工事をやることになったからだという。

その理由を聞いて笑ってしまった。雨季にメコン川の水位が上がり激流になるのは毎年のことで、単に砂を入れただけの砂丘が崩れてしまうことは初めからわかっていたはずだ。昔にできた貧弱なコンクリートの堤防はエアロビクス会場のすぐ脇にあり、ここから白砂はメコン川に向かい張り出している。つまり、砂丘はメコン川の中に造られているのだ。初めに白砂を入れたときにそんな簡単なことになぜ気づかないのか、呆れてしまう。

最大の歓楽地であった屋台村がなくなって、ビエンチャンの夜はめっきり寂しくなった。もしかすると、夜の楽しみがなくなった分、朝起きるのが早くなり、大音量のエアロビクスで鬱憤《うっぷん》を発散しているのかもしれない。ビエンチャンは、朝と夜が逆転してしまった。

しかし私の見るところ、この屋台村の消滅は単に白砂の流出防止という理由だけでなく、対岸のタイを意識していることと関係があるように思える。メコンの川岸に立ってみるとわかるのだが、対岸のタイ側は、メコン川に沿って立派なコンクリートの堤防が延々と続いている。一方のラオス側は、コンクリートの堤防があるのはエアロビクス会場の周りだけで、ほとんどは自然の姿のままだ。その自然の中にできた不自然な砂丘は、かえってみすぼらしさを感じさせていた。

夜になるともっとその違いがわかる。タイ側は堤防の上の街燈が明るく規則正しく並んでいて、一本の光の線に見えるのに対し、ラオス側はなんと暗いことか。たぶん、屋台村を消滅させた人は夜、屋台に通っていた人だと思う。そこからタイ側を見て、ラオス側もタイのようにしっかりとした堤防を造らなければならないと痛切に考えたのに違いない。

タイに対するラオスの人々の感情には、複雑なものがある。もともと民族的にも近いこの両国は言葉も似ていて、特に勉強しなくても、お互いの言っていることはわかるという。しかし、タイ人にラオスのことを聞くと、親しみを込めて「ラオスは兄弟国だ」と言うが、ラオスの人々は決してそうは言わない。逆に「タ

巨大な寝釈迦仏

古寺ワット・シーサケットの境内、本を読みながら歩く僧

イ人は口がうまいので騙《だま》されるな」などと悪口を言ったりする。ここにタイに対するラオスの劣等感に似たものを感じる。

ラオスの現状は、経済的にタイに支配されていると言ってもいい。タイとラオスはメコン川をはさんで長い距離を接しているが、この地域はタイの通貨バーツが一般に使える「バーツ圏」と言われている。首都ビエンチャンでも、ラオスの通貨キープを持たなくてもバーツで買い物ができてしまう。お店の人はバーツを受け取ると即座に計算し、おつりをキープでよこしてくる。

ラオス国内で使われている工業製品のほとんどはタイ製だ。店に並んでいる石鹸や洗剤、缶詰やお菓子などの生活必需品は、タイからの輸入に頼っている。家ではタイ製のテレビでタイ語の放送を見ている。ラオスの番組もあるのだが、タイの方が格段におもしろいという。

逆にラオスがタイに輸出している主なものといえば電力と木材だ。ビエンチャンから北に車で約一時間半走ると、ナムグムダムがある。ここで発電された電力がタイに輸出され、貴重な外貨獲得に貢献している。また、このダムでせき止められてできた広大なナムグム湖では、世界でも珍しい水中伐採が行われている。このダムが造られたとき、木を伐採せずに水をせき止めたため、今でも水中で木が生きている。この木を水中から切り出し、タイに輸出しているのだ。

しかし経済的にはタイに圧倒され、ラオスの人々は生活の全てにおいてタイを意識せざるを得ない。こうしたタイに対する劣等感が、必要以上に過剰反応してしまうこともある。実際、今回の屋台村の消滅も、「タイがコンクリートの護岸を造ってから、メコン川の流れはラオス側に寄ってきてどんどん土地が削られている。このままではラオス領が減ってしまう」と領土問題に結びつけて言及する市民もいる。単に夜の歓楽街がなくなったという問題ではないようだ。

話は変わるが、タイの作家ピリヤ・パナースワンが書いた『メコンに死す』という小説がある。

二十世紀半ば、インドシナの植民地経営からフラン

古寺を散策する女子学生たち

スが撤退した後、アメリカは早くからラオスに住む山岳民族のモン族を支援し、モン族の部隊を直接軍事訓練したりしていた。それは、共産主義の拡大防止のためだったが、その後、ベトナム戦争と時を同じにして、ラオスでもパテート・ラオとして知られる民族解放戦線が優位に立ち、一九七五年にラオス人民民主共和国が誕生した。アメリカの支援を失ったモン族の多くは、メコン川を越えてタイに難民となって逃げた。

『メコンに死す』は、モン族の主人公ネーン・リー・トゥーが歴史の流れに振りまわされた揚げ句に、最後にメコン川を渡ってタイに逃げようとする場面を迎える。夜、妻と子供をいかだに乗せたところで見回りの兵に見つかり、自らが犠牲となって家族の乗ったいかだをメコン川に流す。無事にタイに逃れた妻は子供を抱きながらメコン川のほとりに座り込み、流れていく夫の亡骸を見送る場面で終わる。

ラオスが社会主義体制に移行した際、メコン川をはさんでラオスとタイが緊張した時期があった。ベトナムに続き隣国のカンボジアとラオスが社会主義体制に

ナムグム湖から突き出している立ち木

なり、タイはものすごい危機感を抱いた。ラオスとの境は一本の川だった。その川で数多くの悲劇が繰り広げられた。

そのような時期があったことを考えれば、堤防を造ったおかげで領土が削られるなどというちっぽけな話など大した問題ではない。いくらラオスの領土が深刻だと騒いだところで、実際に人の命が失われるわけではない。

残念ながら、営業中止になった屋台村がいつ復活するのか、周りの人は誰も知らない。この砂丘がどうなるかも誰も知らない。しかし、このビエンチャンの砂丘に立ちながらエアロビクスの大音響を聞き、砂の上をジョギングする若者を見ていると、平和になった時代を実感できる。次の雨季でこの白砂が少々流れるのはよしとすることにして、やっと迎えた平和が砂上の楼閣のようにすぐに崩れないことを願うばかりだ。

水中から切り出された材木の上で釣り

切れ長の目が特徴のラオスの仏像

ウェディングドレスで記念撮影

7

ラオス南部

のんびりした国ののんびりした街

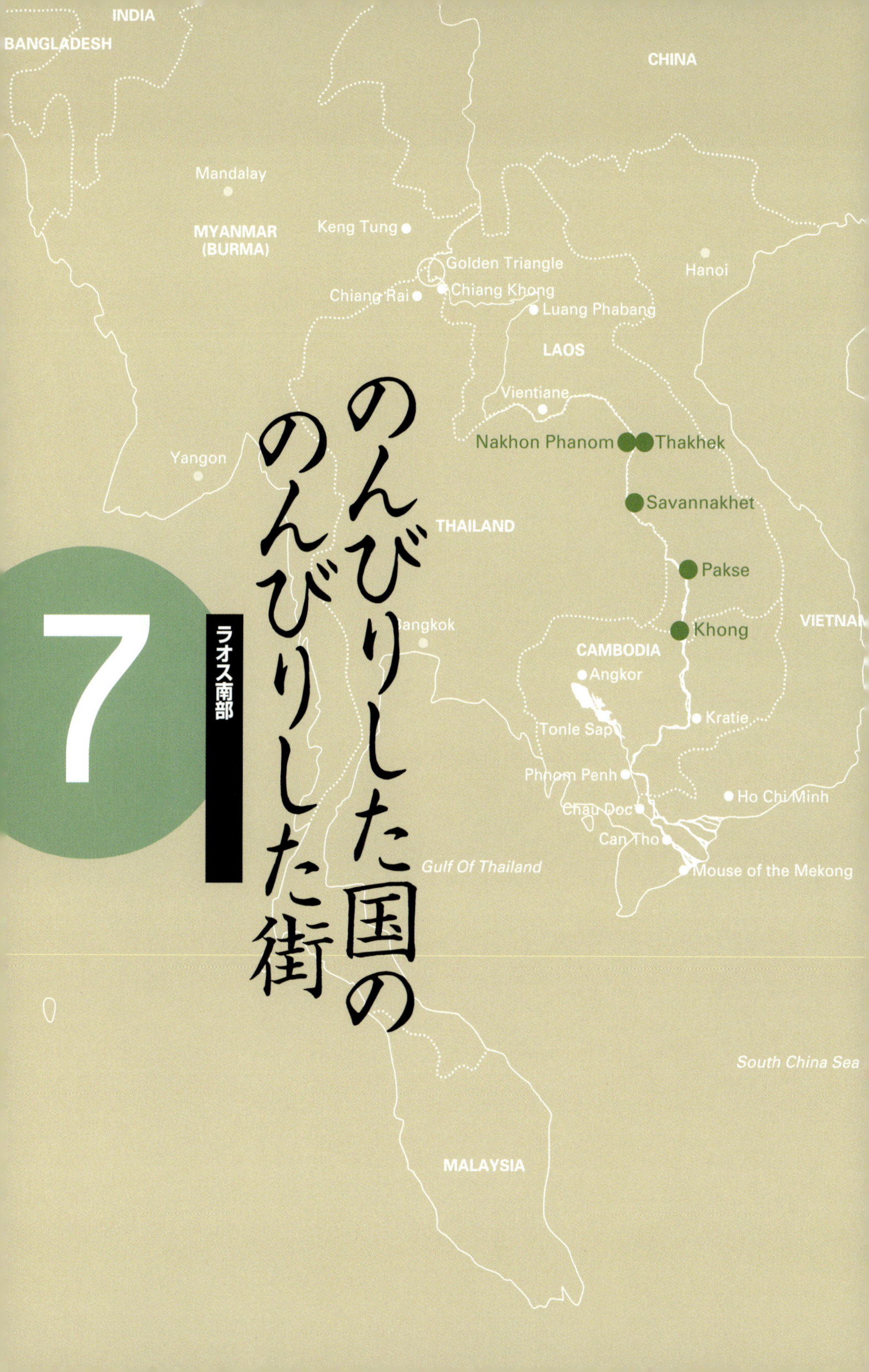

赤ん坊が眠るゆったりとした午後

❖のんびりしているとは

ラオスの人に言わせると、南部は北部と違うらしい。「どこが違うのか」と質問すると、たいていの人が「のんびりしている」と答える。

私はその答えを聞いて、いつも笑ってしまう。私から見ると、北部のビエンチャンやルアンパバーンの人だって、十分のんびりしているからだ。のんびりしている人が言うのんびりしているとは、どんなところなのだろう。

実際にラオス南部を訪れてみると、確かにのんびりしている。しかし、私が見たところ、住んでいる人に関しては、北部の人たちとそれほど変わりはないように思える。特別、南部の人がのんびりしているようにも見えないのだ。

では、なぜ南部はのんびりしていると言われるのか。独断と偏見で言わせてもらえば、これは人のことではなく、街の雰囲気のことを言っているのではないか。

観光ガイドブックなどを見ると、ラオス南部の主な都市には、ラオス第二の都市であるパークセー、第三の都市のサワンナケート、それにターケークなどが上げられている。しかしその説明には、どの都市も「特に見どころはない」とか、「歩いて回れる小さな街」などと書かれている。これだけ見れば、かなりつまらない街にしか思えないのだが、確かに南部の街は他に表現の仕様がないほど特徴のない街なのだ。この特徴のないこと、捉《とら》えどころのないことがのんびりしていると表現されてしまっているようにみえる。

ラオス南部の街に特徴がないのは、暮らしている人々の街に対する思い入れのなさが反映されているように思える。この地域に住む人々の流れを見ていると、ラオス内で暮らしているとは思えないほどタイに行き来しているのだ。

サワンナケートやターケークは、メコン川が国境になっている。しかし、ここの人たちは国境であるメコン川を渡り、対岸にあるタイの街に買い物に出かける。もちろんラオス側にも市場や商店はあるのだが、タイの方が大きいし品物の数も格段と多い。

昔から地元の信仰を集めてきた仏像

現在のように、タイとラオスの国境線がメコン川になった歴史はそう昔の出来事ではない。十九世紀後半、インドシナに進出してきたフランスの圧力に屈し、タイがメコン川左岸の領土権を放棄してからだ。それまで人々は、同じ国の中であたりまえにメコン川を行き来していたのだった。タイのナコーンパノムは、一七八八年に対岸のターケークから移り住んだ人々が造った街だ。ラオス南部では、今でもメコン川をはさんで親戚が分かれて住んでいる家族が多い。こうした背景があって、人々は気軽に国境線を越えてタイに買い物に行く。

ラオス北部では、タイへの激しい劣等感があった。しかしラオス南部では、北部とは対照的にタイへの親密さが増し、素直にタイに依存している感じがある。この素直さが街からラオスらしさを失わせ、ラオス南部の街が特徴のないと評される結果となっているのではないか。

余談だが、タイのナコーンパノムでは毎年十月頃、火の船流しというお祭りがある。これは、雨季明けを

市場の片隅で精米する米屋の娘

祝い行われる恒例行事だ。日没後、暗くなったメコン川に、寺院や仏陀《ぶっだ》の姿が灯火で描かれた火の船が流される。火の船は、高さが五十メートル、長さが八十メートルもある巨大ないかだで、上に竹を組み、そこに油を入れた空き缶をつるし火を灯している。真っ暗な川面に赤々と映える火の船は、なかなか壮観だ。そして、火の船流しはナコーンパノムの立派な見どころになっている。

❖自慢できない自慢話

メコン川をさらに下っていくと、パークセーの北でメコン川はラオス国内を流れるようになり、メコン川は国境線から外れる。国境線はメコン川から四十キロほど西に離れたところになる。

このパークセーはラオス第二の都市と言われているが、さほど大きな街という感じはない。この街は歴史が浅く、二十世紀初めにフランスによって造られた。市内にはやはり特に見どころはなく、観光地であるクメール遺跡のワット・プーやコーンの滝に行く拠点と

ラオス南部の小さな食堂

ナコーンパノムで雨季明けに行われる火の船流し

して名が知られている。

　この南部の観光地に行くには昔は道が悪く大変だったが、今では国道が整備され大幅に時間が短縮された。パークセーからワット・プーに行くには、途中メコン川をフェリーで渡らなければならないが、一時間半も車で走れば着いてしまう。

　アンコール王朝を築いたクメール帝国は、最盛期には領土を東北タイやビエンチャンにまで拡大し、この地に多くのクメール遺跡を残した。ナコーンパノムから南に五十四キロ行ったところにタート・パノムという有名な仏塔がある。この中には仏陀の胸骨が納められているという伝説が残っており、対岸のラオスからも多くの参拝者が訪れている。しかし一九七五年、仏塔が突然崩れ落ち、中からクメール様式の塔が出てきたことから、もともとクメール遺跡だったところに仏塔が建てられたことがわかった。

　このタート・パノムとワット・プーは、クメール時代の二大寺院だったらしい。ラオスに残っている昔話によると、クメール時代にこの地に二人の王がいて、

華やかな衣装に指先もそろった踊り手たち

タート・パノムとワット・プーのどちらが早く塔を造れるか競ったという。一方の王様は一糸も身にまとわない女性たちだけで塔を造らせた。もう一方の王様は、相手がどの程度出来上がっているのか気になり、探りを入れに部下を出した。しかし、その部下はすべて男だったのですぐに見破られて捕まってしまった。部下が一人も帰ってこないのを不思議に思った王様は、自ら偵察に行くと、そこでは自分の部下が女性たちに混じって作業していた。帰ってきた王様は悔しさのあまり、胸をたたいて死んでしまったという。

現在この二つの寺院を比べると、かなり様相が違っている。タイ側にあるタート・パノムは整備が行き届いていて、言われないとそれほど古い寺院だとはわからない。周りには多くの土産物店が並び、観光客でにぎわっている。一方、ラオス側のワット・プーは、すでに寺院の大半は崩れており、残っている建物もつっかい棒で支えられている状態だ。この荒れ方はすさまじく、修復するにしてもかなり時間がかかりそうだ。もちろん、周辺には土産物店などはなく、たまに訪れ

タイ側にある古寺タート・パノムで雨季明けを祝う踊り

る観光客がいるだけで、普段は閑散としている。

ラオス南部のもう一つの見どころであるコーンの滝は、日帰りで見てくるにはちょっと難しい。コーンの滝に行く途中にあるコーン島には、いくつかのゲストハウスがあるのでそこで宿泊する。島は南北二十キロ、東西八キロもある。また、この付近には四千もの島があると言われている。

メコン川で唯一の滝が、このラオスとカンボジアの国境にあるコーンの滝だ。インドシナ三国を植民地としていたフランスは、メコン川を使って物資の輸送を行おうとしたが、途中にこのコーンの滝があるため、その夢を果たせなかった。チベット高原に源を発し、ベトナムで海に注ぐ全長約四千四百キロの間で、最大の難関がこのコーンの滝だったのだ。

コーンの滝には、コーン・パペンとソンパミットという二つの滝がある。手軽に行けるのはコーン・パペンの方で、こちらの方が大きい。と言っても、もしかするとこの滝を見た人の多くはがっかりするかもしれない。日本で華厳の滝や那智の滝などを見た人は、これを滝と言うには抵抗があるだろう。コーン・パペンの滝は高さが十五メートルしかなく、横に広がっている分、何となく迫力に欠けているのだ。この迫力不足を補うには、やはり「メコン川で唯一の滝」とか「最大の難関」という説明が必要になってくる。「迫力不足の滝だったが、メコン川ではただ一つの滝を見たのだ」という自慢話ぐらいはできるかもしれない。

こうして見てくると、崩壊寸前のワット・プーや迫力不足のコーンの滝では、ラオス南部の見どころとするには何となく頼りないようだ。残念ながら、この二つだけでは、北部のルアンパバーンのように世界から観光客を集められる観光地にはなれない。結論として、ラオス南部は特に見どころのない「のんびりしたところ」になってしまった。

ところで、パークセーに戻り、面白い自慢話を地元の人から聞いた。

コーンの滝は、カンボジアが水浸しにならないようにメコン川をせき止めている、というのだ。

この話を聞いて地図を見てみると、確かにコーンの

荒れ果てたワット・プー

雨に煙るコーン島

パレードに参加したタイ美人

滝はカンボジアを守っているように見える。コーンの滝を挟んで北側のラオスでは、メコンは数多くの支流に分かれ、川幅は二十キロぐらいに広がっている。その中に、宿泊したコーン島を含め、大小四千もの島がある。一方、南側のカンボジアでは、メコンは元の川幅に戻り一本になっている。コーンの滝は、まるでダムのように存在しているのだ。もし、コーンの滝が崩れたら、せき止められた水が一気に流れ出し、下流のカンボジアは水浸しになってしまうような気にもなってくる。

ラオスの人はこじつけがうまいな、と笑っていたら、後で驚くような話を聞いた。

ルアンパバーンから三十キロほど離れたところに、美しさで有名なクアンシーの滝がある。この滝が崩れてしまい、今では訪れる観光客もいなくなっているというのだ。滝が崩れるなどという話はあまり聞いたことがないが、だからといって崩れない保証はどこにもない。もしかすると、ラオスの岩は崩れやすいのかもしれない。笑っている場合ではなく、コーンの滝が崩れるという現実味が出てきたのだ。

ラオス南部の人々よ。これを機会に、もっと自慢しようではないか。

カンボジアを守るのはコーンの滝、と。

そうすれば、今まではメコン川最大の難関などと言われ、マイナスイメージだったコーンの滝が、プラスのイメージになって、ラオスを代表する見どころになれるかもしれない。

けれど、たぶん自慢しないだろうな。なんたって、ラオス南部の人は、のんびりしているから。それがいいところでもあるのだけれど。

雨季の濁流が渦巻くコーンの滝

8

クラチエ

つれない川イルカ

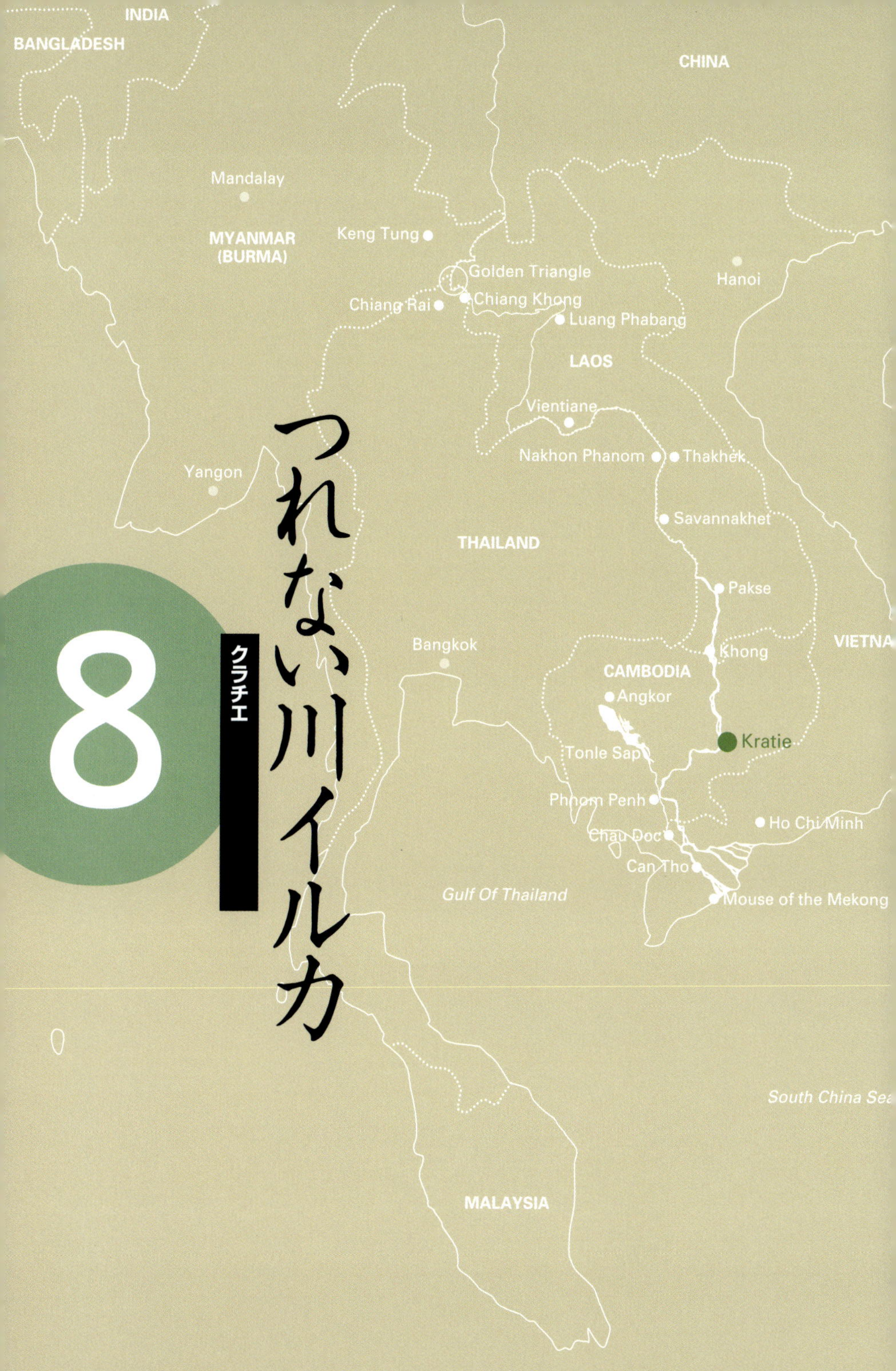

稀に、メコン川に霧が出て何も見えなくなることがある

✣メコンの真っ只中

「プスー、プスー」

先程から私の周りで音がする。しかし、それがどこから聞こえてくるのか、目を凝らして探しているが、なかなか見つからない。

私はメコン川の真っ只中にいた。私がいる所は、わずか六十センチ四方の広さだ。とうとうと流れるメコン川の中から一メートルほど上に突き出している、このコンクリート製の四角い塔のてっぺんは、平らになっている。私はここに座ってメコン川の水面を見ていた。

視線を遠くに置くと、流れているかどうかわからないほどゆったりと見えるメコン川も、真下を見ると渦を巻いており、かなりの速さで流れているのがわかる。満々とコンクリートにぶつかってくる水流はかなり強く、どのくらいの水深があるのか見当もつかない。

恐ろしいことに、このコンクリートの塔は少し下流側に傾いている。だいたい、このコンクリートの塔が、

青い空に緑のヤシ。川を渡る風が気持ちいい

水中でどのような状態で立っているのかさえわからない。もし、この強い水流でコンクリートの塔が倒れたなら、確実に私は川に投げ出される。ライフジャケットを着ているわけでもない。噂で聞いた話だが、メコン川の流れはひじょうに複雑で、いったん流されると岸にたどり着くのは容易ではないという。そんなことを思うと、急に不安になってくる。

　ところで、こんな危険を冒して私がなぜメコン川の上で水面を見ているかといえば、ここで生息している絶滅寸前の川イルカを探しているからだ。時折聞こえてくる「プスー」という音は、川イルカが水面に浮かび息をしている音なのだ。

　初めは川岸の土手の上から川イルカを探していた。上から見ていると、時々水面に浮いてくる黒光りした川イルカがよくわかった。川イルカは水面で息をした後、すぐに水中に隠れてしまうが、水中ではかなり広い範囲を移動しているようだ。ほぼ定期的に水面に浮いてくるが、その場所は下流に行ったり上流に現れたり、また岸から程近いところかと思えば、次は岸から

網を揚げる漁師たち

珍しく激しい動きを見せた川イルカ

そうとう離れたところに川イルカが現れた水紋が広がっていたりする。

しばらく見ているうちに、川イルカは、川岸から百メートルほど離れた水面に突き出ているコンクリートの塔の周りを回っているようだと気づいた。あちこちで出没する川イルカが同じ個体なのか、あるいは全て別の個体なのかわからないが、少なくともあのコンクリートの塔の上に立てば、間近に川イルカの姿を拝めそうだ。もしかすると、水面から顔を出して挨拶してくれるかもしれない。

早速、土手の裏手に一軒だけある民家に行き、川中のコンクリートの塔に送ってもらえるよう交渉してみた。川には小さな手漕ぎ舟が繋がれてあり、その舟はこの家のものだろうと見当をつけてみたのだった。民家から出てきた老人は別に不思議がるわけでもなく、いとも簡単に舟を出してくれた。こうして、無謀にも私は川の真っ只中にいるのだった。

ここはカンボジアのクラチエという所。早朝、プノンペンを出発した高速船はメコン川をさかのぼり、途中コンポンチャムに寄りながら、五時間あまりかけてクラチエに着いた。

高速船は平べったい船体で、甲板は無いため基本的には表に出ることはできない。船内は狭く、座席分しかスペースはない。しかもこの日は満席だった。しかしそこはいいかげんなカンボジアのいいところ。乗客の荷物は外の屋根の上に積まれるわけだが、心得た人は乗船時から船内の自分の座席に座らずに、この屋根の上に腰を降ろしている。私も出発した時には自分の座席に座っていたが、すぐに窮屈さと退屈さで参ってしまい、途中で屋根の上に出してもらった。

屋根の上は、高速船の中で一番の特等席だった。メコンを渡る風に吹かれながらうっとりとしていると、時々姿を現す小さな村や、川で漁をしている小舟が近づいてきては過ぎていく。青空とさわやかな風のもと、日本では体験できない爽快感を味わえる。しかも、疲れたら屋根の上で大の字に寝転ぶことができた。ただ、本気で熟睡できないわけが一つあった。それは、この船の屋根は平らでなく、両側に向かい緩やかにカーブ

船に乗り込む着飾った少女

を描きながら落ちている。その端には、たった十センチ程の柵しかないのだ。もしも屋根の上で熟睡し、端っこに転がってこの柵を乗り越えてしまったら、メコン川に落ちてしまう。このスリルがあったため、私は五時間あまりの間、一回も熟睡することができなかった。

クラチエは、どこにでもあるカンボジアの田舎町だった。ただ、他と違うところは、絶滅寸前の川イルカが見られる場所だった。メコン川には、タイのチェンコンで見た巨大ナマズのプラー・ブックのように、そこでしか見ることができない希少動物がいる。このクラチエの川イルカもその一例だ。

川イルカは、学術的に言うとイラワジイルカに分類される。メコン川にはこのクラチエの他に、ラオスとカンボジアの国境にあるコーンの滝にも生息する。しかし、このクラチエの川イルカとコーンの滝にいる川イルカが行き来しているのかと言うとそうでもない。この間は二百キロ以上も離れており、しかも間には滝がある。いくらイルカが賢いといっても滝を遡ること

メコンの真っ只中に

はできないだろうから、クラチエの川イルカとは別だと思われる。もしかすると、コーンの滝から流れ落ちた川イルカがクラチエに棲みついたのかもしれないが、川イルカの生態はまだわからないことだらけなのだ。

先程から、私はコンクリートの塔の上に座りながら、この川イルカのわからなさを実感していた。イルカと聞いてよく思い浮かべる光景は、海の中で人といっしょに遊んだり、走っている船の前にくっついて泳いだりするかわいらしい姿だろう。実際、私はそれを期待していた。

しかし、ここの川イルカは一頭も近づいては来ない。それどころか、土手の上から見ていたときには確かに私がいるこのコンクリートの塔の周りを泳いでいたのに、私がこの上に座ると明らかに私と距離を置きはじめた。初めに思い描いていた、川イルカが顔を出して私を歓迎してくれるなどという妄想《もうそう》は、とっくに吹っ飛んでしまっていた。私は、このつれない川イルカの態度は何を意味しているのか、理解に苦しんでいたのだった。

昔ながらの牛車

いったい何人乗っているのやら?

アイスクリーム屋に並ぶ少女

時折、ちらっと見える川イルカの背中は、日の当たり方によって黒に見えたり灰色に見えたりする。体長を推測すると一メートル以上はあろうかと思われる。数ははっきりしないが、せいぜい六、七頭ぐらいか。とにかく少ないことは確かだ。

川イルカは頭の方を先に水面に出し、頭の上にある鼻で息をするときに「プスー」という音を出す。息をするとすぐに頭を隠し、その後は弧を描きながら体が水中に潜っていく。この間は一秒もない。海のイルカがするジャンプのような大胆な行動はせず、決して全身を水面に出すようなことはない。どちらかというと目立たず、できるだけひっそりと息をしている感じだった。

一回だけ、割と近くで川イルカが浮上した。と言っても、三十メートルは離れている。このとき、私は大きな黒い体の横に、別の小さな黒い塊がいっしょに浮いたのを見た。浮上し沈んでいくタイミングは、小さいのと大きいのと寸分の狂いもなかった。あの小さな塊は、きっと子イルカに違いない。絶滅の危機と言われている川イルカも、子を育んでいるようだ。

❖川イルカの苦難

結局、川イルカに歓迎されなかった私は、失意のままメコン川を後にした。そしてその晩、クラチエの街の食堂で晩飯を食べながら、そこの主人から川イルカの苦難の過去を聞くことができた。

もともと川イルカは、この地域だけでも数十頭はいたらしい。しかしポル・ポト政権下では、飢えに苦しむ人々によって川イルカは捕らえられ食べられた。ポル・ポト政権が終わり、カンボジアが実質的にベトナムに支配されると、入ってきたベトナム兵は、私が昼間いたコンクリートの塔の上に立ち、銃で川イルカを撃ったという。射撃訓練のためか、あるいは面白半分に撃ったのか定かでないが、この話を聞いたとき、なぜ川イルカが私を避けたのか、その理由がわかった。川イルカはきっと、私をベトナム兵と思ったに違いない。

ベトナム兵が銃を撃った時代は、今からたかだか十五年ほど前の話だ。あそこで泳いでいた川イルカの中には、ベトナム兵に撃たれ親を失ったイルカもいただろう。イルカの知能がどれほどのものか私はわからないが、賢いイルカのことだから、その記憶が今でも残っていることは十分考えられる。

私があのコンクリートの塔の上にいた時間、川イルカにとっては昔の恐怖心がよみがえっていたに違いない。もしかすると、私が手にしていたカメラをベトナム兵の銃と勘違いしていたのかもしれない。こう考えると、川イルカに悪いことをしてしまったという後悔の念がわいてくる。

カンボジアは、現在のシアヌーク国王が一九七〇年、ロン・ノル将軍のクーデターにより追放されてから、内戦が長く続いた。一九七五年にポル・ポト政権ができると、かの忌まわしい大虐殺が行われ、数百万人という命が失われた。国民の多くが肉親をこの時に失っており、人々の心の中にはまだまだ戦争の傷跡が深く残っている。その後、ベトナムがカンボジアに侵攻し、ポル・ポト政権が崩壊したが内戦は続き、一九九三年に国連主導の総選挙が行われ、やっと国として独り立ちできたという歴史がある。

人々の心の中に今でも残っている戦争による悲しみは、カンボジアを訪れるたびに実感できる。しかし、まさか川イルカも心の中に、人間と同じように暗い影を落としていようとは思いもしなかった。

人間には言葉がある。「もう戦争は終わったのだよ」と話せば人はわかってくれる。しかし悲しいかな、川イルカにそれを伝えるすべはない。

私が見た、あの小さな黒い塊のような子イルカが成長し大きくなる頃、もう一度ここを訪れてみよう。そのときにちょっとでも歓迎してくれることを期待して。

9 至福の時

アンコール遺跡

✣アンコール・ワット独り占め

誰もいなくなったアンコール・ワットを見たことがありますか。

一九九七年七月、カンボジアのフン・セン第二首相が政敵のラナリット第一首相を追い落とした戦闘がプノンペンで起こり、航空便がストップする事態となった。この影響で、アンコール遺跡を訪れていた観光客が避難できなくなり、臨時に出されたヘリコプターで救出された。この戦闘については次の第十章に譲るとして、私はこの戦闘後、しばらくしてからアンコール・ワットを訪れた。戦闘前は世界中からやってきた観光客でにぎわっていた遺跡も、うそのように静まり返っていた。そのとき、私はアンコール・ワットを独り占めしたのだった。

アンコール・ワットを最近訪れた人はわかるだろうが、一日中観光客でにぎわっている。朝は暗いうちからバスを仕立てた一団が日の出を見にやってくる。この日の出を見にやってきた一団が去った後が比較的、

アンコール・ワットの夜。灯火で回廊が明るくなる

アンコール・ワット参道脇にあるデバター（女神）

アンコール・ワットにやって来た放牧の牛と少女

一日の中で一番静かになるのだが、だからといって遺跡内に誰もいなくなることはまずない。

この静けさは、九時を過ぎると凄まじい喧騒に変わる。次から次へとひっきりなしに湧いてくる観光客に向かい、近所の村からやってきた物売りたちが激しい攻勢をかける。この状況が日没まで続くのだ。だから、誰もいなくなったアンコール・ワットを見ることは簡単なことではない。

では、誰もいないアンコール・ワットはどうかというと、これはすばらしいのひと言だ。

アンコール・ワットに入るには、まず西参道を通って西大門をくぐる。ここから中央祠堂までまっすぐに延びる参道は長さ三百五十メートルあるが、そこには動くものは何一つ見えない。ただ静寂があるのみだ。

西大門の階段を下り、誰もいない参道に恐る恐る足を踏み入れてみる。参道の石畳に自分の足音が響くのがわかる。参道の途中で走ってみたり、後ろに下がったりしてみる。もちろん誰にも邪魔されない。進んだり戻ったり、この至福の時を少しでも長く楽しむ。

参道が終わり階段を上がると、少し広いテラスに出る。このテラスから振り返ってみると、今来た参道を逆の方から見ることになる。もしかすると、このテラスから見る風景は、高さといい空間の広がりようといい、一番アンコール・ワットの壮大さを感じられるかもしれない。ここから見ると、まっすぐに延びる参道を中心に、草に覆われた広場の中に経蔵や聖池が左右対象に浮かんでいるのがわかる。石の灰色と草の緑色が、真正面に沈んでいく太陽の刻々と増していく赤さに包まれながら、微妙に色合いを変えていく。この光景を独り占めしていると思うと、もう満足感でいっぱいになってしまう。

しかし、まだまだ先がある。太陽が沈む前に最後までたどり着こうと、テラスから西塔門に入っていく。ここには、有名なラーマーヤナのレリーフがある第一回廊や壊れかけた仏像が置いてある十字回廊がある。しかし、ここは日中でも太陽の日が差し込まないところで、不気味なほどに暗い。先程までの満足感はいっぺんに吹っ飛んでしまい、奥の闇から何かが出てきそ

バンテアイ・スレイの女神

ライ王のテラスの女神

象のテラス

トムマノンの女神

東南アジア最大のトンレサップ湖

漁を終え、家路につく漁師

うな恐怖感に襲われる。

この恐怖感で、もう戻ってしまおうかと一瞬思うのだが、このような体験ができるのは今だけだと思い直し、足早に十字回廊を過ぎ、急な階段を一気に中央祠堂まで駆け上がる。

中央祠堂から振り返ると、今まで見てきた光景が一望に眼下に広がっている。その奥には、真っ赤な太陽が今まさに地平線に沈み込もうとしていた。あの長い参道も、はるか下に見える。急な階段を一気に上がってきたため噴き出した汗も、すがすがしい風に吹かれ引いていくのがわかる。

ここまで来ると、先程の満足感と違い、アンコール・ワットを征服したという達成感を感じる。昔のアンコール王朝の王様は、ここから同じようにこの光景を目にしていたに違いない。まるで自分が王様になった気分に浸れる。

❖トンレサップ湖とアンコール遺跡

アンコール遺跡への観光が盛んになったのは、一九九三年にカンボジアで国連主導の総選挙が行われ、カンボジアが安定の道を歩み始めてからだった。総選挙後でも、まだポル・ポト派がタイ国境付近で隠然たる勢力として残っていたため、アンコール・ワットから離れた遺跡に行くのは危険だった。

アンコール遺跡への拠点となるシエムレアプから十五キロほど離れたトンレサップ湖のほとりには、水上生活をしているベトナム人の村がある。一九九三年三月、この村はポル・ポト派の兵士に急襲され、三十三人の村人が亡くなるという痛ましい事件が起きた。ポル・ポト派がベトナム人を目の敵にしていたため起きた惨事だった。

実は、この水上生活の光景と全く同じもようがアンコール・トムのバイヨン寺院の回廊に残されている。アンコール王朝時代の生活を描いた回廊のレリーフには、人々が魚を捕ったり料理を作ったりしている当時の生活が描かれているが、これが全く今の生活と同じ光景なのだ。今でもアンコール王朝時と同じ生活をしているということに驚いてしまう。

水上生活の村では学校も水の上

東南アジア最大の淡水湖であるトンレサップ湖は、湖から流れるトンレサップ川によってプノンペンでメコン本流と合流している。この湖は、メコン川にとっては欠かせない重要な働きをしている。雨季、メコン川の水かさが増すと、メコン川からトンレサップ川に水が逆流し、トンレサップ湖に流入する。トンレサップ湖はどんどん膨らみ、乾季の約三倍にまで拡大する。乾季になりメコン川の水位が下がると、今度は一転して湖からメコン川に水を放出する。トンレサップ湖はメコン川の自然の調整湖として、下流の洪水被害を和らげているのだ。

人知を結集して築き上げられた偉大なアンコール・ワットと、壮大な自然の営みであるトンレサップ湖。この地に立ってみると、人と自然がまるでお互いの限界をさらけ出し、競い合っているかのような緊張感さえ感じてしまう。このような体験は、メコン川流域でも初めてだった。

✣アンコール遺跡の今

しかし残念なことに、アンコール・ワットを独り占めできた時間はそう長くは続かなかった。戦闘後の状況が落ち着いてくると、アンコール・ワットにまずバックパッカーたちが戻ってきた。その後しばらくすると、ちらほらと観光ツアーの団体が戻ってきた。戦闘からちょうど一年経って再びアンコール遺跡を訪れると、もう団体客がいっぱい押し寄せていて、アンコール・ワットを独り占めできるような状況ではなかった。

そして二〇〇〇年にアンコール遺跡を訪れたとき、もう昔のような楽しみ方ができなくなったことを確信した。アンコール遺跡はすっかり観光地化していて、昔の良さが全くなくなってしまっていた。

シエムレアプからアンコール遺跡に向かう途中には高速道路の料金所みたいな新しいゲートができ、そこで入域料を払い写真入りのパスを作る方式になっていた。各遺跡の入り口にはガードマンがいて、このパスがないと遺跡の中に入れさせてもらえない。

水上生活するベトナム人の子供

闇夜に浮かぶバイヨン寺院の四面仏

以前、私はアンコール遺跡を訪れると、必ず日が沈み暗くなるまで遺跡にいたものだった。特にバイヨン寺院にはよく行った。バイヨン寺院には、「クメールの微笑み」として有名な四面仏がある。この微笑みは、よく「穏やかな」とか「心広い」などと形容されている。確かに昼間見るとそう見えるのだが、夕方、薄暗闇の中に沈んでいくその微笑みは穏やかなどというものではなく、薄気味悪いことこの上なかった。口元にうっすらと微笑を浮かべた不気味な四面仏の顔が四方八方から私を見ている。昼間とは違った不気味さを、私はバイヨン寺院に求めていた。

しかし、これ以上にギョッとさせられたのは、完全に暗くなってから、どこからか銃を担いだ人が二、三人私の近くにやってきたことだった。初めは強盗かと思ったが、この人たちは遺跡泥棒を夜通し警戒する遺跡保護警察官だった。私は彼らと出会ってから数日間、バイヨン寺院に通った。顔見知りになった彼らがいてくれるおかげで、暗くなっても安心して夜のバイヨン寺院の不気味さを味わうことができたのだった。

新しく出来上がった観光システムでは、このような融通が利かなくなり、夜、遺跡にいることすら不可能になってしまった。そんなことをしたら、遺跡保護警察官が現れる前にガードマンが追い立てにやってくる。

西参道から次々とアンコール・ワットに入ってくる人々を見て、平和になったことを感じる。しかし、どうしても払拭できないもどかしさもある。独り占めできた快感が忘れられないのだ。あのとき感じられたアンコール・ワットの壮大さが、人込みの中のどんよりした重い空気に邪魔され、なぜか感じられないのだ。アンコール・ワット自体は、私が独り占めできた頃と全く同じ状態で存在している。結局、私の感受性がまだまだ未熟なのだ。

ああ、アンコール・ワットなど独り占めするのではなかった。

あの至福の時など経験しなければ、私は普通の観光客として、ごくありきたりの楽しみ方で満足できるのに。観光客は、知らないに限るのだ。

10

二頭の象のけんか

プノンペン

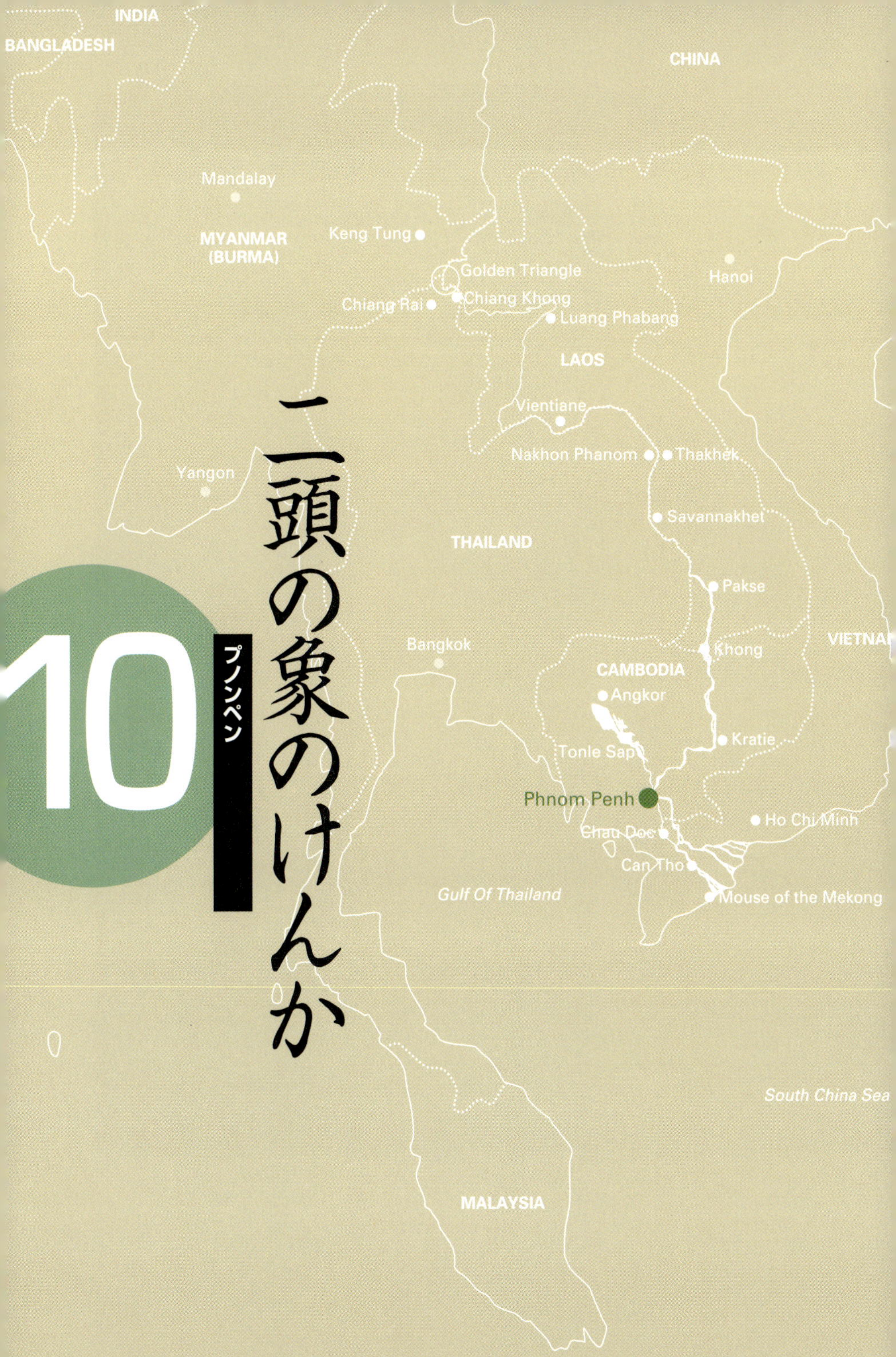

メコン川（上）とトンレサップ川（下）の合流点。漁をする舟が朝焼けに繰り出す

✣首都決戦

カンボジアに、こんなことわざがある。

二頭の象がけんかをすると、その足元にいるアリたちは、「象に踏み潰されないように」と祈ることしかできない。

一九九七年七月に起こったラナリット第一首相とフン・セン第二首相との衝突は、最近では稀に見る大激戦であり、まさにこのことわざにある二頭の象のけんかだった。

当時、カンボジアには二人の首相がいた。一九九三年に国連主導の下で行われた総選挙の結果、フンシンペック党が第一党になった。しかし、それまでカンボジアを支配してきた政権党である人民党の圧力で妥協せざるを得なくなり、二党の連立政権ができた。そのときに第一首相にフンシンペック党のラナリット党首、第二首相に人民党のフン・セン党首が就任し、二重権力体制が生まれた。

シアヌーク国王の息子という毛並みの良さと、選挙で第一党になったという自信を持つラナリット第一首相はプライドも高く、ことあるごとにフン・セン第二首相に対抗心を燃やした。そして、タイ国境に残存していたポル・ポト派と手を結び、フン・セン第二首相に対抗しようとしていたところ、逆にフン・セン第二首相に先手を打たれ攻撃されてしまった。

戦闘は七月五日、首都プノンペンで始まった。ラナリット第一首相は前日、フランスに向け旅立っていてカンボジアに不在だった。ポチェントン国際空港の近くにあるラナリット派のタンクラサン基地付近は特に戦闘が激しく、両軍の戦車が出動しロケット弾が飛び交った。翌日、フン・セン派がフンシンペック党本部やラナリット邸を占拠し、フン・セン第二首相の勝利で終わった。ラナリット派の兵士はカンボジア北西部のタイ国境に追われ、その後はポル・ポト派と手を組み細々と抵抗を続けた。

✣失われた両足

私は、戦闘が一段落した九日にプノンペンに入った。

夕暮れの王宮

まだプノンペンへの定期便はストップしたままで、民間人を脱出させるためにチャーターされた救援機に乗った。降り立ったポチェントン国際空港は、ターミナルビルが破壊され、管制塔の壁面には無数の弾痕が残っていた。空港から市内に入る途中では、交差点の真ん中に焼け焦げた戦車が道をふさぎ、その周りの家々はロケット弾が撃ちこまれ焼失していた。時折、荷台に家財道具を積んだ家族が市内中心部に向け避難している姿を見かけた。

陥落したフンシンペック党本部の近くにあるカルメット病院には、戦闘に巻き込まれた負傷者が廊下や中庭まであふれていた。私は、そこでピー・サオトという男と出会った。

初めて彼を見かけたとき、彼は一階にある薄暗い病室のベッドに横たわっていた。数多い負傷者の中で、なぜ彼が目についたかというと、彼は両足が無かったからだ。左足の切断部分には白い包帯が巻かれていたが、右足はすでに前に切断されたようで、面が丸みを帯びてふさがっていた。このときはそのまま声を掛けずに帰ったが、気になって四日後にもう一度カルメット病院を訪れた。

彼は前の病室にいなかった。病院内を探すと、病棟と病棟を結ぶ渡り廊下に、病室に収容できなくなった負傷者のベッドが並んでいて、その中に彼の姿を見つけた。渡り廊下は屋根がついているが壁はなく、雨が降れば容赦なく吹きこんでくる。七月は雨季の真っ盛り、彼は一日のうち何回か激しい雨にさらされていた。

「左足はどうしたの?」

彼の前に立ち、ぶしつけに私は質問した。私は彼がきっと戸惑うだろうと思ったが、私の予想に反して、いきなり目の前にやって来た外国人に対し、力のない意味不明な笑いを口元に浮かべているだけだった。初め、私は彼が精神的におかしくなっているのではないかと思ってしまった。

「ロケット弾が当たって吹っ飛んだ」

彼はしばらくして、うつむいたまま答えた。

彼の名はピー・サオト、年は三十五歳。彼の自宅は、私が空港から市内に入る途中で見てきた、ロケット弾

夕暮れ、トンレサップ川沿いを歩く物売りの姉弟

が撃ちこまれ焼失した地区にあった。プノンペンでも最も戦闘が激しかったところだ。

七月六日の朝、前日に続き再開された双方の砲撃で、近くで上がった黒煙をピー・サオトさんは不安そうに眺めていた。すると突然、十メートル先にロケット弾が落ち、次の瞬間には地面に倒れていた。痛みを感じた左足を見ると、すねの真ん中あたりから下がなくなっていて、そこから鮮血が吹き出ていた。近くに住む親戚によって荷車でカルメット病院に運び込まれ、応急処置だけ受けた。カルメット病院はプノンペンでトップクラスの医療水準だが、当時は戦闘で負傷した兵士や市民が次々と運び込まれてきて、とても一人ひとりに満足のいく手術を行える状態ではなかった。そして、病院の担当者が真っ先に聞いたのは「カネを持っているか」という質問だった。結局、毎日かかる薬代が払えず病室を追い出され、病棟の外にある渡り廊下にベッドを移されたという。

右足は、やはり以前に失っていた。彼は昔、国鉄の保線作業員だった。まだ内戦が激しかった一九八八年、

昔の水軍のいでたち

プノンペンの南三十七キロで線路の復旧工事をしていた彼は、線路脇に仕掛けられていた地雷を踏んでしまった。この頃は、ポル・ポト派が闇にまぎれて地雷を仕掛けることはたびたびあった。このとき、彼は右足を失った。それでも義足を付け、保線工事の現場で頑張っていた。しかし今回、両足を失ったため、勤務先から解雇されてしまったという。見舞金としてもらったのは二万リエル、日本円にしてたったの七百円ほどだった。カンボジア人が食べる朝食の麺二十杯分にすぎなかった。

「一週間前に三人目の子供が生まれたばかりだったのに。この先、仕事があるかどうかもわからない」

彼には妻と三人の子供がいて、毎日一回は見舞いに来てくれているという。家族は、プノンペン市内の妻の実家に避難しているとのことだった。

半月後、三回目に私がカルメット病院に行ったとき、もうすでに彼の姿は病院にはなかった。私は、彼が退院したと直感した。薬代を払えない彼が、いつまでも病院に留まれるはずもなかったからだ。

イルミネーションに飾られた王宮

私は、前に彼から聞いていた空港近くの自宅に行ってみることにした。近所の人に尋ねると、ピー・サオトさんの家は意外に簡単に見つかった。彼の家は、戦闘の激しかった地域にある国鉄の踏み切りから市内に向け線路に沿って歩き、八十メートルほど行った左側にあった。私は彼の家も焼けているものだと思っていたが、実際は残っていた。そして、彼とその家族はその家にいた。

彼の家は一般的な高床式で、その下の沼地はどぶのような灰色の水が溜まっていた。周りにある同じような高床式の家から出される炊事の水や便所からの排泄物がいっしょくたになってこの沼地に流れ込んでいる。高床式の木造の家はどれも小さかった。彼の家は、手前にある三畳ほどの玄関兼ベランダと、その奥の六畳ほどの一室のみであった。

私が訪れたとき、彼は生まれたばかりの娘を手に抱いてイスに座っていた。彼の横には奥さんが床に座り、周りで二人の子供が遊んでいた。一見、どこにでもある幸せな家庭の風景だった。彼の両足がないことを除

嵐の到来を告げる黒い雲

けば。

彼は私の姿を見ると、照れくさそうに笑った。

「傷の具合はどう」

「まだまだ傷口がふさがりません。たぶんあと三か月ぐらいかかるのでは。傷口がふさがれば、義足を作ります」

「仕事は見つかりそう?」

「全然だめです。とりあえず、義足を作ってから探します」

私は彼の答えを聞いて、彼は立ち直ったと感じた。病院で初めて話したときの表情とは打って変わり、彼は希望を見出していた。そして、どん底から彼を救ったのは、彼の手に抱かれている末娘のピトーちゃんではないかと思った。ピトーちゃんを見る彼の眼は、本当に幸せそうだった。

「この家の後ろを見てください。戦闘でロケット弾が落ち、みんな焼けてしまいました。そこにいた近所の二人は即死でした。それに比べれば、命が助かった私は運が良かったのかもしれない」

メコン川とトンレサップ川の合流点付近は、市民の憩いの場

庶民の足シクロで登校

喪服姿の女性

彼は、ピトーちゃんをあやしながら言った。私は、今度ここを訪れるときが楽しみになった。きっと、この次に彼に会う頃には、義足を付け線路に沿って歩く練習をしているに違いない。そう期待しながら彼の家を後にした。

❖消えたピー・サオト

次に私がプノンペンにやってきたのは、七か月後の一九九八年三月だった。

三月三十日、この日私はポチェントン国際空港で、ある人物の到着を待っていた。正午過ぎ、着陸したタイ航空の機体が止まりタラップが付けられると、そこから顔の前に両手を合わせ挨拶するおなじみのポーズをするその人が降りてきた。その人こそ、先の戦闘で国を追われたままになっていたラナリット前フンシンペック党首だった。

フンシンペック党は戦闘後、ラナリットの代わりにフン・セン第二首相の意向に近いウン・フォット外相を第一首相に選出していた。自らの党にも裏切られ、カンボジアに帰りたくても帰れない日々が続いていたラナリットは、フン・セン第二首相の同意のもと、シアヌーク国王が恩赦を与えるという形で、やっと帰国が実現したのだった。

私は無事、帰国できたラナリットを見た後、空港から市内に向かう途中、ピー・サオトさんの自宅に立ち寄ってみることにした。懐かしの踏切に立ったとき、私は七か月前とは大きく変わってしまった風景に唖然としてしまった。ロケット弾で焼失した土地には高床式ではない新しい家々が建ち並んでいた。

私に不吉な予感がよぎった。ピー・サオトさんの家に向かう足も自然と速くなった。そして彼の自宅があったところには、見慣れない二階建ての白く輝く真新しいコンクリートの家が建っていた。

私は勢いよく、その家に飛び込んだ。

「ピー・サオトさんはどこに行った?」

怪訝《けげん》そうに私を見る一家の目があった。いくら聞いても、ここに新しく住み着いた家族は、以前暮らしていたピー・サオトという人物を知らなかった。周りの

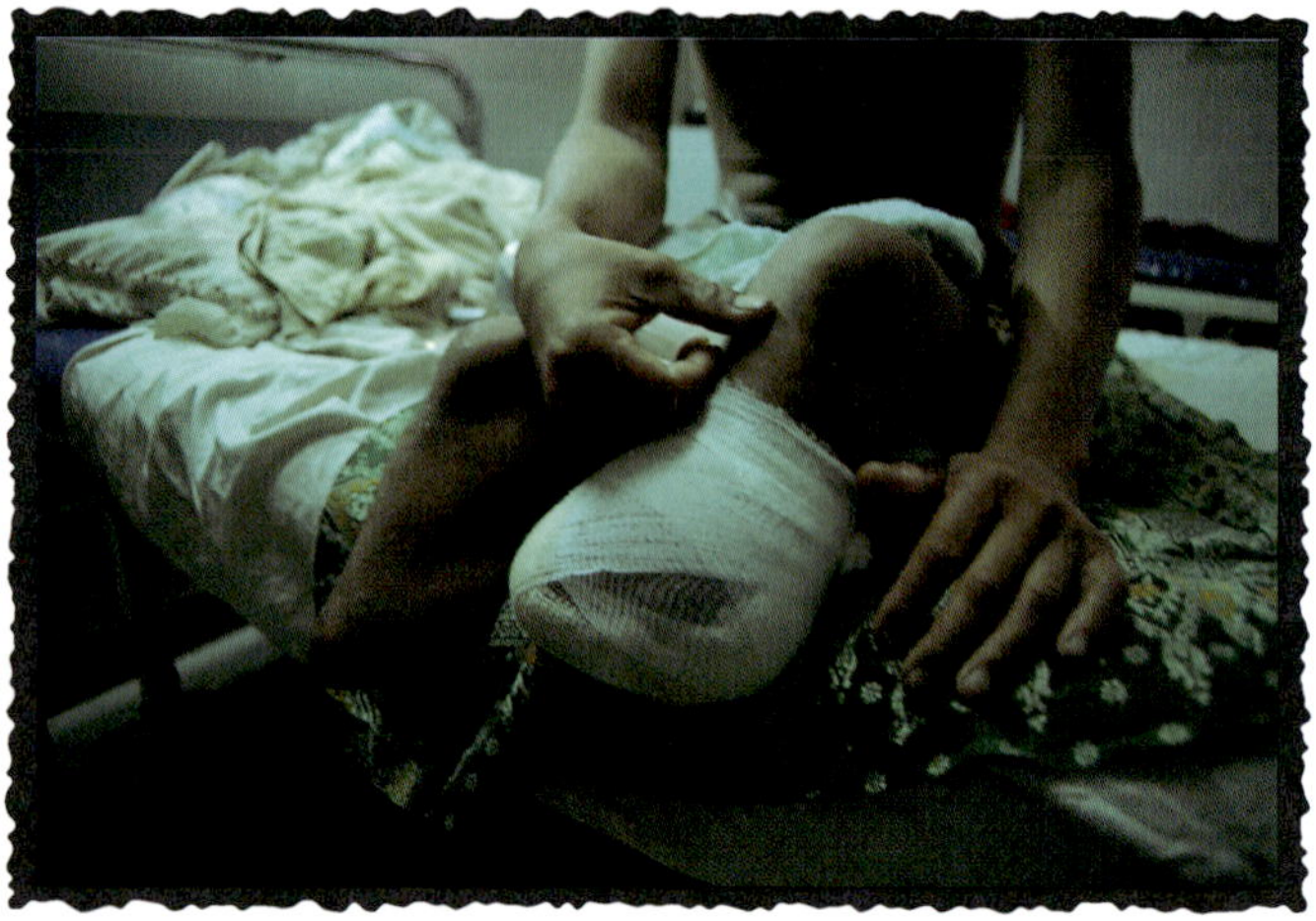

両足を失った男

ツールスレン刑務所に展示されていた頭がい骨のカンボジア地図。
批判があり、現在は撤去された

家にも聞いてみたが、近所全体がすっかり入れ替わっていて、ピー・サオト一家の行方はつかめないままだった。

ぼう然として引き上げる私の胸に、大きな疑問が湧いていた。

あの戦闘で敗れたはずのラナリットは今日、帰国した。しかも、勝ったフン・センの同意のもとでだ。ラナリットは今、高級ホテルに泊まって、帰国を喜ぶ人々の歓迎を受けている。

では、あの戦闘はいったい何のために行われたのか。追い落とした政敵を許すぐらいなら、初めから戦闘などしなくてもよかったではないか。少なくとも、あの戦闘が行われなければ、ピー・サオトさんは左足を失わずにすんだのだ。罪もない市民が巻き添えをくって死ななくてもよかったのだ。

結局、フン・センとラナリットという二頭の象がけんかをして、犠牲になったのはピー・サオトさんのようなアリたちだったのだ。アリは象に踏まれないようにと祈っていたにもかかわらず、運悪く象に踏まれてしまったのだった。それは、ただ運が悪かったと言うしかない。運が悪かったために、彼は後の人生を狂わされてしまったのだ。

いつも最後に泣かされるのは、アリたちだった。

水祭りの日、電飾のボートがトンレサップ川を行き来する

11 黄色いホテル

チャウドック

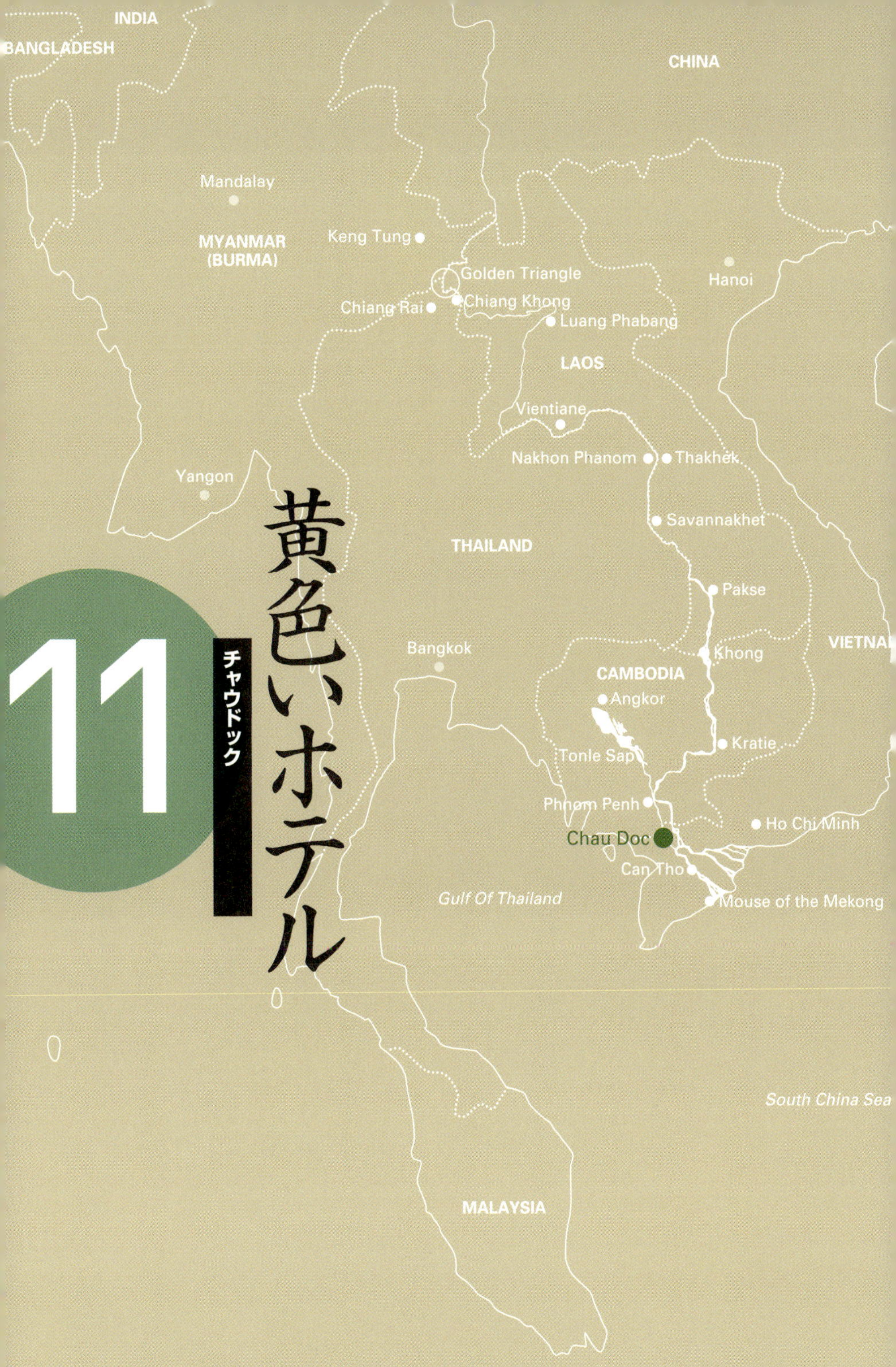

✣リバービューの眺め

日本の雑誌で紹介されていたのを見かけたのだが、カンボジアと国境を接するベトナムのチャウドックに、フランス資本のリゾートホテルが新しくオープンしているようだ。

以前、私はそこに泊まったことがあった。しかし、当時はリゾートホテルではなく、国営の古いホテルだった。その国営ホテルには夜到着し、翌朝は早く出発してしまったため、ほとんど印象に残っていない。印象に残ってないくらいだから、たぶん大したホテルではなかったのだろう。それがどうリゾートホテルに変身したのか、この眼で確かめに行ってみることにした。

ホーチミンから車でメコン川に出て川沿いに北上していくと、チャウドックの中心街に入る数キロ手前で黄色いコロニアル風の建物が見えてきた。これがお目当てのリゾートホテルだった。まだ開業して間もないため、塗られたペンキの色も鮮やかだ。ロビーに入っていくと、壁には洒落たホーチミンやハノイの写真が飾られており、リゾート気分を盛り上げている。

チェックインを済ませ、三階のゲストルームに案内される。部屋はこぢんまりとしているが、床はフローリングが黒光りしていて、なかなか気持ちがいい。しかし、日本で紹介されていた写真と明らかに違う。雑誌の写真には、部屋の窓から雄大なメコン川の流れが写っていた。しかし、この部屋の外には、今さっきまで走ってきた道路が見えるに過ぎなかった。部屋は川とは反対側に面していた。

ボーイに「今日は、客室が満室なのか」と聞いた。

「いいえ、それほど混んでいません」

「では、メコン川が見える部屋に替えてくれ」

ボーイは、ちょっと戸惑った表情をしている。

「部屋が空いているならばできるだろう」

「でも……、リバービューの部屋は、五ドル高くなります」

リゾートホテルになると、川沿いの部屋をリバービューと言うらしい。それはともかく、たった五ドルをケチるぐらいなら、わざわざホーチミンから丸一日かけて車を走らせてここまで来ない。五ドルを払って部屋の中から雄大なメコン川が楽しめるのなら安いものだ。

「いいから部屋を替えてくれ」

「わかりました」とボーイはうなずくと、いそいそと部屋を出ていって新しい部屋の鍵を持ってきた。

リバービューは、やはりよかった。ベランダのドアを開け外に出ると、眼下にハウザンの流れと、そこに浮かぶ水上家屋の家並みが見える。メコン川の流れは、カンボジアのプノンペンで二つに大きく分かれ、その一つがハウザンと呼ばれている。このベランダから見ると、遠くにかすれてもう一本、川の流れが見える。ベトナムに入ったメコン川はさらに分かれ、広大なメコンデルタを作っている。対岸にはいくつかの街があるが、実はそこも川の中洲だ。この雄大な風景がたったの五ドルと思うと、ものすごく得した気分になった。

ベランダから見るホテルの敷地はそれほど広くはないようだが、川岸を利用したおしゃれで小さなプールが下に見える。部屋を出てプールサイドに降りていき、置かれているデッキチェアーに腰掛けてみる。熱帯の強い日差しに晒されるとかなり暑いが、川を渡るそよ風がそれを多少和らげてくれる。難点を言えば、そよ風が運んでくる魚の生臭いにおいが、リゾート気分に水を差すことぐらいか。

❖ヴィンテ運河にて

チャウドックには、特に見どころというものはなかった。そこで、時間つぶしに船から街を見るリバークルーズをすることにした。川に出てみると、船から見るホテルは、灰色や茶色の地味な建物が多いチャウドックの街の中で、ひときわ黄色く目立っていた。その鮮やかさは、完全に周囲から浮いているように思えた。その前に来たときのかすかに残る記憶では、建物自体は国営ホテルの頃と変わっていないようだった。おそらく、国営ホテルを買いとって、外観を黄色く塗りコロニアル風の内装にしたのだろう。

今でこそ、ホーチミンなどの都会ではカラフルな建物も多いが、チャウドックのような田舎では、このよ

チャウドックの夜。川を行き来する航跡が美しい

リゾートホテルからの眺め

細い運河沿いに家々が密集するメコンデルタ

うに目立つ建物はまだ珍しい。だいたい、ベトナムに外資が入ってきたのが一九八六年のドイモイ政策以降なのだ。その頃は、まだまだ他より目立つことを避けるという社会主義の風潮も多分に残っていたであろうから、その意味では、この黄色いリゾートホテルはチャウドックにもドイモイの効果が波及してきた象徴と見えないこともない。

船はハウザンの本流から左に折れ、狭い運河に入っていく。この運河はヴィンテ運河という名で、カンボジアとの国境に沿って掘られており、海に面したハーティエンまで百キロ以上も続いているという。

このヴィンテ運河を巡る逸話は、まさにベトナムとカンボジアの国境事情を反映している。ベトナムでは、こう語られている。ヴィンテとは、十九世紀に実在した将軍の奥さんの名前で、この地で寺を建て、人々の病気を治した立派な人だった。人々は、その奥さんの施した徳を忘れないように運河に奥さんの名を冠した。

一方、カンボジアでは、この運河はベトナムを憎む象徴として語られている。十九世紀初めに掘削されたヴィンテ運河の工事現場では、多くのクメール人が強制労働させられていた。そのうち三人の働きの悪いクメール人が、見せしめとして首から上を残して地中に埋められ、その頭の上に熱湯が沸いているやかんを載せられるという屈辱を受けたという。

ベトナムとカンボジアとの対立は、ヴィンテ運河を巡る逸話に限られたものではない。この地域では、実際にベトナムとカンボジア間で戦争が行われている。一九七五年、カンボジアでポル・ポト政権ができると、ベトナムとの対決姿勢を強く打ち出した。そのため、急速に両国の関係は悪化し、国境周辺での小競り合いも増えていった。そしてついに、ポル・ポトはチャウドックやハーティエンなどに軍隊を送り、地元住人を虐殺した。当時、世界の誰しもベトナムとカンボジアは兄弟国と思っていたため、この事件が明らかになるとインドシナ状況は緊迫した。そして、ベトナム軍は一気に攻勢に出てカンボジアに進撃し、一九七九年一月七日、プノンペンを陥落させ、カンボジアを事実上占領した。

楽しそうに下校するアオザイの女子学生たち

黄色いホテル、真っ赤な花。ハウザンのほとりは色彩豊かだ

❖サム山の不思議な人たち

このような話を聞きながらヴィンテ運河を進んでいくと、運河の先に小高い山が見えてきた。この山はサム山といい、頂上からはカンボジア側もよく見えるという。ベトナムから見るカンボジアはどんな風に見えるのだろうか。興味を覚え、リバークルーズを終えると、今度はホテルの車をチャーターし、陸路でサム山まで行ってみることにした。

ホテルから車で十分ほど南西に走ると、もうサム山の麓に着く。近くで見ると大した高さではなく、山というよりもむしろ丘と言った方がいいかもしれない。しかし麓には新興宗教の寺院が並んでおり、それなりのにぎわいがある。

そのにぎわいの中を通り、山頂に向かうくねくね曲がった上り坂を車は進んでいく。途中の山腹に、また新たなリゾートホテルが建設中だった。カンボジアを見下ろせるこのホテルは、きっとベトナム人好みのホテルとして人気を博すと思われる。この先をちょっと

運河で水遊び

メコンデルタに張りめぐらされた運河

行くと、もう道は行き止まりで、そこが頂上だった。

車を降り、頂上から周りを見回すと、雲一つない快晴と思っていた空もかなりかすんでいる。まず、北東方面にあるチャウドックの街並みを見る。ハウザンのあたりに小さな家々の固まりが見える。その中で、私が泊まっているリゾートホテルはひときわ大きく黄色に目立っている。ハウザンの川中から見ても周囲から浮いた存在だったが、上から見ると余計に場違いな印象を受ける。

次に、西側が開けている場所に三十メートルほど移動する。先ほど船で通ったヴィンテ運河が、チャウドックからハーティエン方面にまっすぐに延びているのがよくわかる。

ぼんやりしていたら、周りに知らない青年たちが七、八人もたむろしていた。あまりきれいな服装とは言い難く、もしかすると浮浪者がこの山に住みついているのでは、とも思ってしまった。

そのうちの一人が先を指差して、「カンボジア」と言った。

ベトナムとカンボジアの国境といっても、目に見える壁や柵があるわけではない。どこからカンボジアで、どこからベトナムなのか、皆目見当がつかない。

「国境線はどのあたりですか」と尋ねてみた。

「あそこにヴィンテ運河が見えるでしょ。そこからだいたい二キロほど先が国境線だ」

カンボジアだとされた二キロほど先には、建物らしいものは一軒も見当たらず、田んぼの真ん中でのどかに一筋の白煙が上がっているだけだった。

青年たちは何をするのでもなく、私といっしょにカンボジアをじっと眺めている。いつまで眺めても、その風景は動くわけでもなく、変化するわけでもない。私はさすがに退屈になり、説明してくれた若者に「ありがとう」と言うと、車に戻って山を降りた。

帰りがけ、車の運転手が言うには、ベトナム戦争中は、このサム山もアメリカ軍に爆撃され、木が無くなってしまったそうだ。

「ところで、あの山には浮浪者が住んでいるのですか」

「いいえ……」

お菓子の前に置かれた神様

いぶかしげに運転手は私を振り返って見た。

「では、私といっしょにあそこにいた若者は、何者なのでしょうか」

運転手は、笑いながら答えてくれた。

「あの若者たちは、兵士ですよ」

「兵士ですか」

「はい、サム山の頂上には兵士が駐屯しているのです」

兵士にしては軍服も着ていないし、兵士が持つ緊張感も感じられなかった。

「本当に兵士なのですか。私がいる間、彼等がやっていたことといえば、のんびりとカンボジアを見ているだけでしたが」

「そう、それが彼等の仕事なのです」

私はあきれてしまった。昔は敵対関係にあったのだろうが、今の国際関係の中で、カンボジアがベトナムに攻めてくるとは考えられない。しかし、彼等はカンボジアを見続けている。何も起きないとわかっていても見続けなくてはならない辛さが、あのような無気力感を漂わせているのかもしれない。

それにしても、彼等は気づかないうちに私の周りに現れた。足音も立てず、服装も目立たず、こっそりとこのサム山を守っているようだった。それは、チャウドックの目立つ黄色のリゾートホテルとはあまりにも対照的だった。

このサム山の頂上は、完全に世間の動きから取り残されてしまっていた。そして、彼等は明日も目立たぬようにカンボジアを見ていることであろう。

12

ホーチミン

劇場ホーチミン

夕食を済ませた市民がフェリー埠頭に集まり、観光客用の水上レストランのバンドを外から楽しむ

「ミスター、サイゴン川クルーズをやってみないか。スラムやサイゴン港などを回って戻ってくるコースだよ。新しくできたビルも川からよく見えるよ」

一人の男がそう言いながら、いやらしい笑顔を浮かべ近づいてきた。いやな予感がしたので、気づかない振りをして反対側に歩き出したが、彼はそれよりも早く私の前に回りこんだ。

彼は手に持っていた数枚の写真を出した。写真には、クルーズで見ることができる観光名所が写っていたが、どれもあまり興味をそそられるものではなかった。ただ、彼が言った「新しくできたビルが見える」という言葉にちょっと引かれた。

最近のホーチミンの変わりようは激しい。市内には、高層ホテルやオフィスビルが次々とでき、昔ながらのオレンジ色の屋根をした建物がめっきり減ってしまった。この急激に変わりつつあるホーチミンの全容を見ようとするならば、サイゴン川は絶好のポジションに思えた。

川からホーチミンの街を見るのもいいか。

それにしても、男のいやらしい笑顔が怪しいので、初めに二時間コース、二十ドルと念を押した後、船乗り場に向かった。舳先に大きな丸い目玉が描かれている船は、観光客が十人ほど乗れる大きさで、屋根がついている。一人だけでは大きすぎて何だかもったいない気がしてくる。てっきり、客引きの彼がそのまま操船するものと思っていたが、船には別の人が乗っていて、彼は私を船に案内するとまた通りに戻っていった。

船はマジェスティックホテル前の船乗り場から出発して、まず上流の方に向かった。船の左手には、川沿いにできた新しい高層ホテルが並んでいる。マジェスティックホテルなどは小さい部類だ。その奥に外見がロケットのような三十階以上もあるビルが見えたりする。日本の堅苦しいビルのデザインと比べると、ホーチミンの新しい建物は斬新なように感じた。

川をはさんで反対側、船の右手の方は発展を続けるホーチミンとは対照的に、川沿いに高床式の粗末な住

アオザイ姿の女子学生の語らい

雑踏をかきわけ風船売りが行く

居が並んでいた。船を操縦している船長は、これをスラムと呼んでいた。確かにここに住んでいる人々の格好は、ホーチミンの街を歩いている人々と比べると低所得層のように見える。

このスラムの前に、サメが大きく口を開けた形の大きな船が係留されていた。船長に聞くと、この船は毎夜、船に付けられた電飾が点灯し、観光客を乗せてサイゴン川をディナークルーズするという。夜、このサメの船から街を見ると、真新しい高層ビルがライトアップされ、さぞかし躍進するホーチミンを実感できることだろう。一方、裏手にあるこのスラムは真っ暗で、その存在すら観光客には意識されないだろう。しかし、スラムに住む人々からは、このサメの船で豪華な夕食を食べる観光客がよく見えるに違いない。その光景を見ながら、スラムの人々は何を思うのであろうか。

私のそんな思いを乗せて、船はさらに上流に進んでいく。すでにホーチミン市からはずれてしまったのか、建物もめっきり少なくなり、周りには大した見どころもなくなってきた。船長に「戻ろうよ」と言っても、

休日の朝、歌手が歌う青空ステージ

なぜか「もうちょっと、行きましょう」と進んでいく。

しばらく行くと、右手に別荘地のようなしゃれた新興住宅地が見えてきた。真新しいオレンジ色の屋根に白壁の家々は、今まで見てきた住宅とは比べ物にならないほど大きくて豪華だ。しかも、それが広大な敷地に数え切れないほど建っていて、中にはまだ建築中の建物も数件ある。

「あそこの家はすばらしいね」と船長に言うと、待ってましたとばかりに、「あの家は政治家たちの別荘だよ。みんな賄賂で得た金で建てているのさ」と苦々しく叫ぶ。どうやら船長は外国人の私に、この汚職御殿を見せたかったようだ。

ベトナムの政治家や官僚が賄賂を半ば公然と受け取っている話はよく聞く。ベトナム共産党大会などで、たびたび党幹部が汚職追放を訴えているのを見ても、賄賂がかなり深刻な問題になっていることがわかる。市民の噂では、ホーチミンで次々と建てられている高級ホテルを巡り政治家に賄賂が渡っているという。ホーチミンの建築ラッシュと時を同じにして、この汚職

昔から庶民に親しまれてきた水上人形劇の演じ手たち

ライトアップされた人民委員会の建物

御殿が増殖を続けている事実は、それを裏付けしているようで興味深い。

❖船長の名刺

汚職御殿を見終わると、船長は船をUターンさせ、今来たコースを下流に進む。戻る途中、船長は私に名刺をくれた。名刺の裏には、ちょっと長いフレーズのベトナム語が書かれていた。

「これ、何て書いてあるの」

「この船は、安全、親切で、お客の要望にすぐにお応えしますと書いてある」

船長は自信ありげに答えた。

船長の言葉を聞いて、私はびっくりしてしまった。まさか、社会主義のベトナムで、お客様の要望などという言葉を聞くとは思わなかった。事実、今まで傲慢《ごうまん》という行為は数え切れないほど見てきたが、サービスという類の行為を受けた記憶がない。しかし、社会主義とはこういうものだとごく普通に受け止めていたので、別段サービスを受けなくても不思議に思わなかったのだ。

ベトナムはドイモイ政策で市場経済への移行に挑戦しているが、もしかするとその影響がこんなサービス精神の文句となって表れるようになったのか。ホーチミンは高層ビルだけでなく、人の心まで変わってきたかと感心してしまった。

この名刺がきっかけで、私は船長と打ち解けた。現在、四十二歳の船長は、驚いたことに一九八六年にドイモイ政策が始まる前は、サイゴン港にやって来る外国船から密輸品を運ぶ仕事をしていたという。

その頃のベトナムは、物資は配給制になっていて、外国製品は一般には出回っていなかった。外国船がサイゴン港に入港すると、船長は夜、小船で外国船に近づき、酒やタバコ、古いテレビやバイクの部品などの密輸品を運び出し、いったん自宅に持ち帰る。そこに受取人がやってきて密輸品を持っていく。報酬として、その密輸品の一部がもらえたそうだ。密輸品の中には、カンボジアから運ばれた大麻や覚せい剤もあったという。そういえば最近、日本でヘロインを所持していた

サイゴン大教会にかかるおぼろ月

ベトナム人二人が逮捕され、初めてベトナムルートが摘発されたというニュースを聞いたが、昔からホーチミンはいとも簡単に麻薬類が手に入る所だったのだ。

「当時は皆、貧しかったんだ。この辺りで船を持っている人たちは、だいたい密輸品を運んでいたと思う」と話す船長の顔を見て、なぜ船長が先程の汚職御殿を私に見せたかったのか、分かったような気がした。ベトナム戦争や、その後にベトナムが起こしたカンボジア侵攻によって各国から経済封鎖されてきた中で、船長のような一般の人々は大変な苦労を味わった。その苦しい時代を忘れ、金儲けに走る現在の政治家や官僚たちを、船長は許せないのだろう。

船は初めに乗船した船着場を越えさらに下流に進んでいき、大型の貨物船が停泊するサイゴン港に入っていく。港には、シンガポールや台湾、カンボジアなどの船籍が書かれたさまざまな貨物船が積み荷を揚げ降ろししている。面白いのは、シンガポールなどの船は新しくしっかりした船なのだが、カンボジアの船は塗装もはげ、船体もさびだらけのオンボロ船だということだった。やはり、船も国情を表しているらしい。

サイゴン港を途中まで進むと、船は急に左に曲がり、細い運河に入っていった。

「ちょっと近道をして帰る」と船長は言う。周りは青々とした草が生い茂るだけの荒れ地で、人影も見えない。

所々に橋があり、船はその下をくぐっていく。運河はだんだん細く浅くなっていく。しかも悪いことに、今の時刻は干潮のようだ。両岸には、満潮時の水位がくっきりと残っている。その高さからは、そうとう水位が低くなっている。さらに船は進むにつれ、時々スクリューが川底にぶつかる音がしだした。船長を見ると、彼の表情にも戸惑いの色が見える。

右手にエビの養殖池が見えたところで、突然エンジンの音が止まった。船長は「ちょっと待ちましょう。なに、あと五分もすれば潮が満ちてきます」と言う。養殖池の傍らに一人の男が座っていて、こっちを見ている。ホーチミンの高層ビルは、まだはるかかなただった。

サイゴン川で水遊びする少女

私は急に不安になった。もしかすると、船長は計画的にこの水路に入ってきたのかもしれない。地元の船長が干潮の時間を忘れてこんなところに迷い込んだりはしないだろう。そうすると、何の目的でこの船はこんなところに入ってきたのか。この船長は、じきに強盗にでも化けるのか。昔、密輸品の運搬をやっていた人だ。強盗ぐらいするかもしれない。そのときは、平気で「俺たちは貧しいのだ」などと自らの行為を正当化する魂胆なのだろう。あの渡された名刺に書かれていた「安全、親切」という文句も、しょせん私を信用させるための小道具だったに違いない。ここは船の上、逃げ場はない。養殖池の番人の振りをしているあの男も怪しいな。もしかすると共犯かもしれない。

ここまで考えると、急に背筋に冷や汗が伝わった。今、自分は絶体絶命の危機の中にいるのではないか。

もう、まともに船長の顔を見ることはできなかった。何が起こっても抵抗するのは止めよう、そう決心して目を閉じていると、不意にエンジンのかかる音が響き渡った。驚いて船長の方を見ると、船長は「もう大丈

目玉を付けたベトナムの船

夫、潮が満ちてきました」と言って船を発進させた。予想外の出来事にうろたえていると、私が怒っているとでも勘違いしたのか、船長は「この辺りはみるみる潮が上がるのです。ちょっと待っていれば、何も問題ないのです」と弁解している。

私は急に自分が恥ずかしくなった。私は船長を疑ってしまったのだ。やはり、船長の名刺に書かれてあった「安全、親切」は間違いなかった。

高層ビルも近くなってきて、やがて元のサイゴン川に出た。初めはホーチミンの発展ぶりを川から見ようという軽い気持ちで繰り出したサイゴン川クルーズだったが、ハラハラドキドキの末、けっこう楽しめた。

船に乗ってハラハラドキドキの体験。どこかで経験したような覚えがあると思って記憶をさかのぼっていくと、子供の頃に遊びに行った遊園地で、ボートに乗ってお化け屋敷の中を回ったあの感じにやや似ていると思い当たった。そこは、ボートに乗ってお化け屋敷の暗闇の中に入っていくと、突然生首が落ちてきたり、壁から幽霊が飛び出してきたりした。しかし、子供心

イルミネーションの水上レストラン

にもあまり怖いという感じはなく、「ここでお化けが出てきそうだ」という予想がついてしまう仕掛けだった。

　このホーチミン・クルーズは、あんな子供だましよりもよっぽどスリルがあった。ここでは本当の脂汗が出てきた。しかも、このクルーズは後半のスリルだけではなく、前半は高層ビルが建ち並ぶホーチミンの街をバックに、不正を働く高官への庶民の怒りを演出し、半ばには船長自らの人情味あふれる昔話ありと趣向に富んだクルーズだった。

　劇場ホーチミン、次はどんなシナリオを用意してくれるのか、楽しみだ。

13

カントー

メコンデルタの市場にて

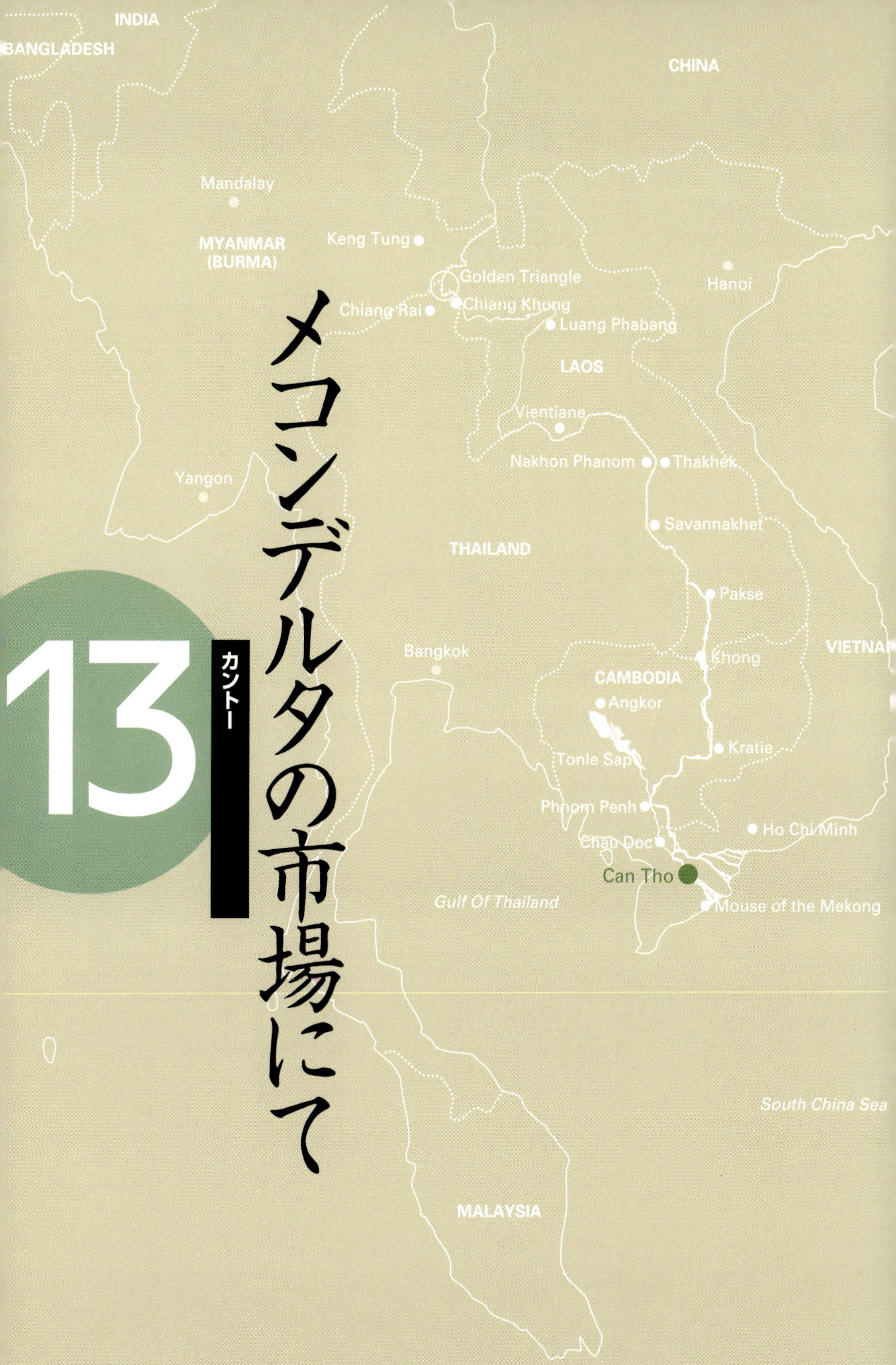

❖驚きの発言

「エー！　ベトナム戦争を知らないの？」

目の前の若い日本人女性の発した「ベトナムで戦争があったのですか」という言葉に、私は本当に驚いてしまった。

ここはメコンデルタ最大の市場があるカントー。私は昼間から市場の中を歩き回っていた。市場の中は、魚、野菜、肉、果物の各売り場に分かれているが、次から次へとメコンデルタ各地から集まってくる豊富な品物に、活気づくというよりは殺気立っていた。

今までメコン川流域を歩いてきたが、市場に並んでいる魚はすべてナマズや川魚だった。しかし、ここカントーでは海の魚がほとんどで、いよいよ河口に近づいたという実感がわいてくる。果物も色とりどりで、メコンデルタでは換金作物としてさかんに栽培されているのが分かる。市場を端から端まで丁寧に見ていたら、もう夕暮れ時になっていた。

市場の裏に出ると、そこにはカントー川が流れている。この辺りの人々は、車の代わりに船を使っている。メコンデルタでは、網の目のように張り巡らされた水路の方が道路よりも発達していて、船で移動した方が便利だ。市場の裏手の桟橋に、ひっきりなしに船が着いては離れていく。中には、手漕ぎの小さな舟に自転車ごと積み込んでいる人もいる。その行き来の激しさに見とれていると、不意に後ろから「日本人の方ですか」と日本語で話し掛けてきたのが、後で驚きの発言をしてくれた彼女だった。

彼女は何かおどおどしているように見えた。年は二十代前半か。ホーチミンでは街を歩いていると必ずと言っていいほど日本人に会うが、ホーチミンから離れたカントーまでやってくるとさすがに日本人は少ない。私は、きっと彼女は初めてのベトナム旅行で心細いのだろうと勝手に思い、親切心からちょっと話し相手になってやることにした。

「一人なの？」

「そうです。ホーチミンからシンカフェという旅行代理店が出しているツアーでカントーに来ました。全部

カントーに渡るわずかな時間、フェリーの中で勉強する物売りの少女

大小の船が行き来し、メコンデルタを実感できるフンヒエップ

メコン川を渡るフェリーに乗り込む人々

で十二人いるのですが、日本人は私一人です。他はヨーロッパから来ているみたいなのですが、ガイドが全部英語で話すので、ぜんぜん理解できません」

「それは困ったね。明日はどこに行くの」

「どこだったかな。北の方に行くと思うのですが、よくわかりません」

そういう彼女の表情はあまり困っているふうでもなく、あっけらかんとしている。それにしても、明日の行き場所を知らないのは、言葉がわからないからといって済む問題でもない。この調子だと明日の朝、起きてみたらすでにバスは出発して、自分がどこに行っていいかわからないなんてことになっているかもしれない。

そんな私の心配をよそに、

「それにしても南は暑いですね。ハノイは寒かったのに」と彼女は言った。

「ハノイから来たの」

「はい、ハノイからアメリカ人のバイクの後ろに乗っけてもらい、三か月かけてホーチミンにやってきました」

「ホント?」

短い休暇を利用して、最近人気のベトナムにちょっと買い物がてらやってきたと思っていた彼女が、もうすでに三か月も旅をしていたとは予想もしなかった。ハノイからバイクでベトナムを縦走してきたと聞いただけでも尊敬に値してしまうのだが、それ以上に興味をそそられるのが、連れのアメリカ人と彼女の関係だ。

「アメリカ人って男性だよね」

「そうです。もう六十歳を過ぎていると思うのですが、言葉がよくわからないので、どういう人か詳しくは知りません。途中で、昔、若い頃にお世話になったというベトナム人に会いに行き、その家にしばらく泊まっていました」

「そのアメリカ人とは、どうやって知り合ったの」

「たまたまハノイで会い、バイクでホーチミンまで行くと言うので、いっしょに後ろに乗っけてもらいました。お金もかからないことだし」

私は、彼女の大胆な行動に感心してしまった。その

新鮮な野菜を載せ水上マーケットに向かう小舟

カントー市場での買い物を終え、家路に向かう人々を運ぶ舟

アメリカ人がいくら年寄りといっても、男は男だ。身の危険などは考えなかったのだろうか。まあ、明日の行き場所を知らなくても平然としていられるのだから、細かいことに頓着しない性格なのかもしれない。

それにしても、六十という年齢から考えて、その連れのアメリカ人はベトナム戦争に従軍していたのではないか。想像するに、戦争の頃にベトナム人に助けられたか親切にされた体験があり、そのときを懐かしんでベトナムにやってきたのだろう。

「そのアメリカ人は、ベトナム戦争について何か言ってたでしょ」

私がこう、彼女に尋ねたときだった。冒頭のあの驚きの言葉が彼女の口から発せられたのは。

ベトナム戦争を知らない。

世の中にベトナムで戦争が行われていた時代があったことを知らない人がいるのだ。私は、思いもしなかった言葉に、ただ驚くだけだった。

ベトナム戦争が終わってから、もう二十五年以上も経つ。私も直接、戦争当時のニュースを聞いた記憶は

カントー市場の雑踏の中、出前を運ぶ

ない。しかし、そういうことを超えて、ベトナム戦争は世界的にあまりにも有名だ。日本で普通の生活をしていれば、ベトナム戦争という言葉ぐらいはどこかで耳に入ってくるだろう。ベトナムのガイドブックを見れば、必ずベトナム戦争の記述がある。ホーチミンの観光地といえば、戦争博物館や今は統一会堂と呼ばれている旧南ベトナム大統領官邸など、戦争関連の場所が真っ先に挙げられる。

不思議に思うのは、三か月もかけてベトナムを縦断してきた彼女が、そういう戦争に関する観光地を一つも見る機会がなかったのだろうかということだ。しかも、彼女の連れのアメリカ人は、ベトナム戦争に従軍していたと思われる。三か月も行動を共にしていて、ベトナム戦争の話題が一回も出なかったとは考えられない。

きっと、彼女はベトナムに無関心なのではないか。私はあれこれ考えた揚げ句、こう結論を出した。

色鮮やかな果物が並ぶカントー市場

✣おろかな動物

いつの間にか日は暮れ、カントー川に行き交う舟はシルエットになっている。

彼女とは、市場前に新しくできたレストランで夕食をとりながら、とりとめもない話をして別れた。結局、名前も聞かなかった。別れる際も、彼女は自分の泊っているゲストハウスがどこにあるか定かではないようだった。しかし、私はもう驚かなかった。今までの彼女の言動を見ていれば、容易に想像できることだった。

彼女と別れた後、もう一度、カントー川のほとりに出た。頭の中がまだ、混乱しているようだった。

カントー川は、昼間のうるさいと思えるほどの喧騒とは打って変わり、静けさを取り戻していた。川辺で涼む親子連れが楽しそうにしゃべっている。目の前の光景は平和そのものであり、ここが戦争の舞台だったとはとうてい考えられなかった。

静かになった川面を見ながら、彼女との会話をもう一度思い出してみた。

もしかすると、彼女がベトナム戦争のことを知らなかったのは、別段驚くことではなかったのではないか。私にしたって、ベトナム戦争については本からの知識に過ぎない。このカントーにアメリカ軍の爆撃機が離発着を繰り返した基地があったことも、近くにある一見自然なマングローブ林が戦争中に枯れ葉剤でほとんど枯れ、その後に植林されたものであることも、どこかに書かれていたり人から聞いた話をうろ覚えしているだけだった。

こう考えると、私と彼女の差は、歴史のテストで出されたベトナム戦争の問題で、私の方がちょっとだけ彼女より点を稼げる程度のことなのかもしれない。それよりも興味深いことは、今まさにベトナム戦争が人々の心から忘れ去られようとしているという過程を図らずも垣間見てしまったことだった。

彼女が何をしにベトナムにやってきたのか、結局分からなかったが、少なくともベトナム戦争には何の興味も持っていなかったことは確かだ。一方の連れのア

大量に買い込んだ野菜を満載し、カントーを出発する船

メリカ人は、正反対にベトナム戦争の痕跡を確かめにベトナムにやってきた。この相反する二人がコンビを組み、ベトナムを旅したのだから、話がかみ合わないのも無理はない。

しかし、このコンビのことを思うと、興味がないということがこれほど恐ろしいことなのかと改めて思い知らされた。同じ行動をとっても、興味がなければ何一つ、心に引っかかってこないのだ。

戦争は案外すぐに忘れ去られる。

彼女から教えてもらったこの事実は、地球上からいまだかつて戦争がなくならない理由の一つを見事に解き明かしているように思える。

平和を取り戻したこの地で、再び戦争の起こる日が来るのであろうか。真っ暗なカントー川のほとりで、人間はおろかな動物なのだとしみじみ感じてしまうのであった。

カントー市場で売られる果物

市場では、生きたひよこも商品

朝焼けの中を手漕ぎ舟が進む

14

メコン河口

流れの果てに

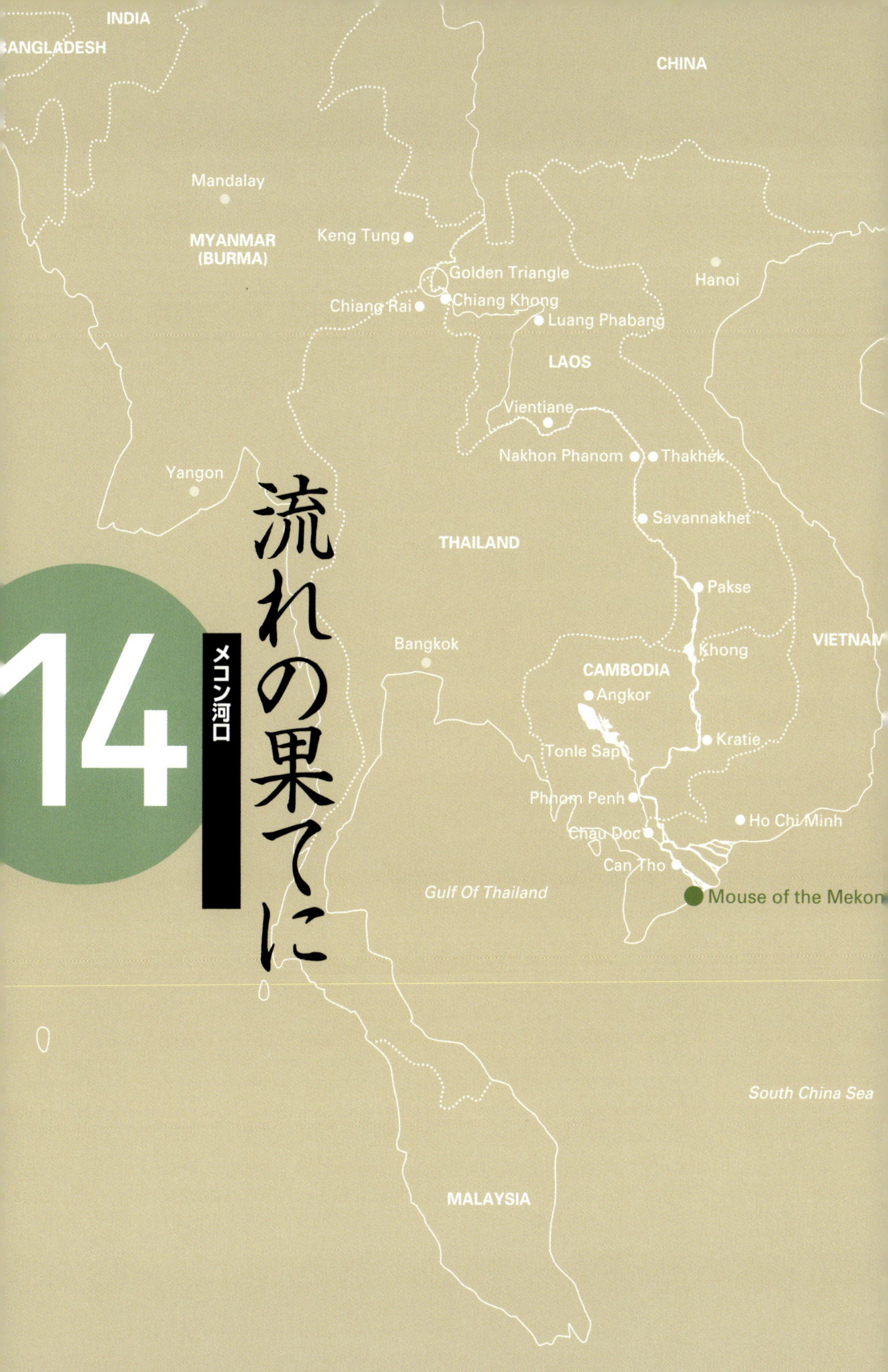

田植え中の楽しいひと時。冗談が飛び出し、笑いが絶えない

❖念願の河口へ

先程から、車の中でガイドと言い争いが続いていた。ガイドはもう、泣きそうな顔になっている。

いきさつはこうだ。上流から下流へ続けてきた旅の最後に、河口に行ってメコンが海に流れ込む姿を見てみたい、こう希望していた私は、日の出前にカントーを発って、昼前にチャンディーという小さな河口の村にたどり着いた。

チャンディーは、持ってきたロンリープラネットの地図にも出ていない小さな村だが、確かにメコンの河口に位置していた。しかし、まだ海に面していない。そこで、地元の人に聞いて、海に通じる道を教えてもらい、途中まで進んできたところだった。

チャンディーまでは舗装された道だったが、そこから海へ向かう道はでこぼこ道だった。しかし、それほどひどい道でもなかった。カンボジアの道はこれよりもっとでこぼこだし、ラオスでは車が通ると赤い土煙がもうもうと舞い、周りが全く見えなくなるというと

生きたまま、市場に運ばれるアヒル

んでもない道だった。パキスタンのカラコルム・ハイウェーでは、インダス川が長年にわたり削った断崖絶壁の上を夜通し走ったし、ミャンマーの山奥では、途中で車が故障し急坂を歩かされる羽目になった。私に言わせれば、この海に続く道は平坦で土煙もたたないし、道から外れても転落する危険もない、本当に穏やかな道なのだ。

しかし、ガイドと運転手は「もうこれ以上行けない」と言う。このまま進むと途中で引き返せなくなるとか、車の腹が地面にこすれるとか、もっともらしい理由をつけているが、要は海なんかに行きたくないという心境がありありだった。それにしても、ここまで順調にやってきて、どうして消極的になったのか、私にはわからなかった。

もう我慢ができなくなってきた。このままでは、海は目前なのに引き返すことになりかねない。

「私は、海を見にここまでやってきた。車でどうしても行けないと言うのなら、歩いてでも行く」

「歩いていったら、ものすごく時間がかかると思いま

頭にお菓子を器用に載せて歩く

ベトナム戦争中に米軍がまいた枯れ葉剤で全滅したマングローブ林も、
その後の植林で見事によみがえった

田んぼに水が張られたメコンデルタ

す」

「では、どうやって海に行くんだ」

「…………」

彼らは沈黙してしまった。

そのとき、止まっている車の横をバイクが海の方へ走っていった。

「そうだ、バイクに乗っけてもらおう」

これは名案と思い彼らを見るが、その顔色はさっきより暗い。

「村まで引き返し、バイクタクシーを見つけるぞ」

「それは、危ないと思います」

「ゆっくり走ってもらえばいい。ホーチミンの街中だって、普通にバイクタクシーに乗っている」

「そういうことではなくて、もし途中で強盗に襲われたらどうしますか。バイクタクシーの運転手だって、どういう人かわかりません」

これを聞いて、私は彼らが海に行きたくない理由がやっとわかった。彼らは知らない土地に来て、怖気づいたのだった。

潮が引いた河口近くの港

しかし、同じベトナム人の彼らが恐がるほど、ここは危険なところなのだろうか。周りは稲刈りの済んだ乾いた田んぼが広がる、きわめてのんびりした風景だった。

チャンディーの村では、メコン川に面した漁船の船着場の対岸に、ベトナム軍の駐屯地があった。とても軍事施設に見えない、みすぼらしい一軒家だったが、ガイドは「早く立ち去りましょう」と、ゆっくりメコン川を見ていた私を急き立てた。どこの国でも国防上、海岸線は重要な警戒地域だ。のんびりとした田舎風景のこの付近も、実は見た目以上に緊張していて、外国人の私にはわからないその雰囲気をガイドたちは敏感に感じているのかもしれない。

どうしたものか、私は迷ってしまった。せっかくここまで来て海を見ないのは残念というより悔しい気持ちだ。

意を決し、「よし、海に行くぞ。チャンディーまで戻って、バイクタクシーを探してくれ」とガイドに言った。

運河で投網

河口近くの街ソクチャンに残る古い建物。ベトナム戦争時は映画館だった

彼らは不満顔だったが、どうしようもないとあきらめて村に戻り、私とガイド用の二台のバイクタクシーを見つけてきた。

二人の運転手は、まだ二十代の若い青年だった。たぶん漁師なのだろう、肌が真っ黒く日焼けしている。突然やってきた見知らぬ外国人には興味を示してくれるが、ベトナム人のガイドに対しては、どこか態度が横柄だ。ガイドは決して色白ではないが、彼らの黒さから比べれば、ホーチミンの都会育ちのお坊ちゃまと見下されたのかもしれない。

❖茶色い海

とにかく、バイクに跨って海に向かって走り出した。ところが、なかなか海は見えてこない。運転手の話では、十分も走れば海だと言っていたのに、十五分走っても道はまだ先につながっている。しかも、ガイドの乗ったバイクはかなり遅れて、やがて視界から消えてしまった。運転手にスピードを緩めるように言っても、言葉が通じないため、どんどん先に進んでしまう。

ちょっと不安になっていると、バイクは本道から急に左に曲がった。運転手の行動に慌てると、バイクが左右に揺れる。それでも運転手はバイクを止めようとせず、うまくバランスをとりながら前に進む。

「もういいかげん止めてくれ」と叫ぼうとしたとき、不意にバイクが止まった。まだ叫んでないはずだが、と運転手の顔を見ると、私に向かってあっちを見てみろと指差している。その方角を見ると、木々の間が開けており、その先に海が姿を現していた。

今までの不安が一気に感激に変化していった。ついに最終地点にたどり着いた。この喜びに、バイクから飛び降りた体が、自然と波打ち際に向かって走り出した。

波打ち際までは、かなり距離があった。そして、その勢いのまま、海にざぶざぶと入って水と戯れようとしたが、海の水を見て思わず足が止まってしまった。なんと、海水は泥水を攪拌したように茶色く泡立っており、とても飛び込もうという気を起こさせるものではなかったのだ。

「メコン川の河口に着いたら青い海に入って泳ぐんだ」と、海水パンツまで持参してきた私は戸惑ってしまった。予想外だったのは、茶色く濁った海水だけではない。サンダル履きの足元は砂浜ではなく、黒っぽい固い土だった。期待していた青い海と、もともと白いとは思っていなかったのだが、想像していた砂浜はなかった。黒くて固い土は、遠く四千四百キロにわたり上流からメコンが運んできた肥沃な土が、長年のうちに堆積したのだろう。きめ細かく引き締まった土壌を形成していた。

振り向くと、遅れていたガイドも無事、到着していた。先程まで、あれほど海に行くのを渋っていた表情とは打って変わり、海を目の前にして心底うれしそうだ。

「あんなところで、バイクに乗ってデートしていますね」

ガイドは、私と違ったところを見つめていた。その声は、いかにも珍しいものを見たという感じだった。

「日本では、海はいつもカップルでいっぱいだよ」

「そうですか。ベトナムでは、ホーチミンのような都会で若いカップルがデートしているのは珍しくありませんが、こんな田舎で男女が二人きりで遊べる場所など少ないのです」

「けど、海に遊びに来る地元の人も多いでしょ。人目をはばかるには、海はまずいのでは」

「いいえ、海になんか、普通遊びに来ませんよ」

そう言われて初めて、海岸には私たちとアベック以外に人がいないのに気づいた。遠くに水平線の近くを航行する漁船が見える。

メコンデルタでは、メコン川とその周囲に張り巡らされた運河によって、内陸の交通網は十分すぎるほど充実している。チャウドックやカントーなどは、その交通網の中心地として発展してきた。人や物資の動線はメコン川に沿っており、海岸線は全く重要視されていないようだった。カントーからチャンディーまでの道は舗装されていたが、チャンディーからこの海岸に来るまでのでこぼこ道は、こうした事情が絡んでいたようだ。もともと海岸に行く人など、めったにいない

すれ違った船に笑顔で挨拶

黒っぽい土、濁った海水。メコン河口は思っていた風景とは異なっていた

のだった。

　遠くに見える、バイクの上で語り合っているカップルも、やはり人目を避けて海岸にやってきているようだ。そう考えると、ガイドが怖気づき、あれほど海に行きたがらなかったのも無理はないように思われた。ガイドにとって、ここは強盗が出ようと、海賊が出ようと、あるいはお化けが出ようとも、何も不思議はないのだろう。もしかすると、あの若いカップルの姿は、地獄の中で出会った仏のように見えたのかもしれない。

「まてよ、ここは本当にお化けが出るのかもしれないぞ」

　私はそう思うと、サンダルを脱いで裸足になり、ゆっくりと土を踏みしめてみた。何かずっしりとした厚みが足の裏から伝わってくる感じがした。

　昔から、メコン川流域は戦乱が絶えない地域だった。ベトナム戦争、ポル・ポトによるカンボジアの大虐殺、ラオスの共産化に伴う内戦、タイ・ラオス間の交戦など、特に二十世紀は激しかった。戦争で犠牲になった亡骸のいくつかは、上流からこの地に流れ着き、土に還ったに違いない。私が足の裏に感じるずっしりとした厚みは、犠牲者の無念さや怨念なのか。

「平和だね」

　私は、遠くのカップルを見ながら言ってみた。

「いいですね」

　ガイドはしみじみと、つぶやくように答えた。

　メコンは平和になったのだ。今までは、流れ着いた悲しみの方が多かったが、これからはきっと、流れ着く喜びの方が多くなるに違いない。あのカップルを見ていると、そう思えてくるのだった。

✣あとがき

私は、新聞社に勤めるカメラマンだ。

そんな私とメコン川の出会いは、もう七年も前になる。当時、私はタイのバンコクに駐在しており、メコン川の連載を担当した。

この取材で、インドシナに散らばる各支局員といっしょにメコン川流域を訪れたのだが、他の仕事の合間を縫って、短い日程でピンポイント的に取材するという強行軍では、壮大なメコン川を理解できるわけもなく、消化不良を起こしても仕方がなかった。

その中でも残念だったことは、メコン河口に行く時間がなかったことだった。メコンの果てはどうなっているのだろうか。その思いは、駐在員が終わり、東京の暮らしに慣れ始めた頃から、日増しに強くなっていった。

一九九三年、カンボジアで国連が総選挙を実施し、新政府樹立を目指すという史上初の壮大な計画が実施された。自衛隊が国連平和維持活動（ＰＫＯ）に参加する賛否をめぐって、当時の社会党が国会で牛歩戦術を展開したり、カンボジアで国連ボランティアや文民警察官が亡くなったりして、日本でも連日報道された。

このカンボジアでの試みが成功し、「戦場の川」と言われてきたインドシナ半島のメコン川流域も、ようやく安定に向けて歩みだした。

それから十年。私は二〇〇三年までを目標に、念願のメコン河口を訪れ、その流域がどう変化しているのかをもう一度見てみようと思った。しかし、サラリーマンの辛いところ。撮影旅行に行く充分な時間もなく、結局この本をまとめるのに費やした四年の歳月で、どの程度、メコン川を見ることができたのか、はなはだ心もとない。

ここ数年のメコン川流域の変貌には驚かされる。特に、観光地化が進むゴールデントライアングルや、次々と高層ビルが建っていくホーチミンなどを見ていると、開発により昔の良さが無くなっていくことは、戦場の地に平和の芽がすくすくと育っていくことと表裏一体で、ある意味、仕方のないことなのだろうと思ってしまう。そしてこの過程は、第二次世界大戦後の日本が歩んだ道でもある。

現在のメコン川流域が面白いのは、この平和の芽の育ち方が各国まちまちだということだ。未だに鉄兜の帽子をかぶった山岳民族が住んでいるかと思うと、各地でリゾートホテルが次々と増え、観光客が押し寄せている。ただ、確実に言えることは、この平和の芽がある程度成長すると、どこも特徴のないありふれた光景になってしまうということだ。本書は、インドシナ各地にまかれた平和の芽の成長過程を記録したという点で、多少なりとも功績があったと思いたい。

一方で、世界はインドシナ以上に速いスピードで変わっている。その衝撃さでまだ記憶に新しいと思うが、二〇〇一年九月十一日、米国の同時テロと、それに続くアフガニスタン攻撃。そして今年のイラク戦争によるフセイン政権の崩壊。世界は新秩序を求めつつあるのか、再び混乱の中に落ちようとしているのか、まだまだわからない。しかし、戦争に苦しんだインドシナの教訓は、どこにも活かされていないようだ。第十三章でも書いたが、「戦争は案外すぐに忘れ去られる」ことをしみじみ実感する。

最後に、出版の機会を与えてくださった文英堂の西田孝司さん、長谷川真理さん、文と写真を見事にレイアウトしていただいたデザイナーの白尾隆太郎さん、そして、メコンの流域で出会った数え切れない恩人に、深く感謝いたします。

二〇〇三年　五月

川口敏彦

❖著者紹介

川口敏彦（かわぐち・としひこ）

一九六四年　静岡県沼津市生まれ
一九八七年　読売新聞東京本社　写真部に入社
一九九六年　タイ・バンコクに赴任。三年間、バンコクを拠点とし、アジア全域を取材する
一九九八年　インドネシア・ジャカルタ暴動で東京写真記者協会賞海外部門賞を受賞
一九九九年　インドネシア・東ティモール紛争で東京写真記者協会賞海外部門賞を受賞
二〇〇〇年　韓国・南北離散家族相互訪問で東京写真記者協会賞海外部門賞を受賞
二〇〇一年　ペンタックス・フォーラムで写真展「ナマステの国の神々」を開催
著書『ナマステの国の神々―ネパールの赤い世界』（叢文社）
日本写真家協会会員

メコン川物語 かわりゆくインドシナから

二〇〇三年七月　一日　第一刷印刷
二〇〇三年七月一〇日　第一刷発行

著　者　川口敏彦
発行者　益井英博
印刷所　日本写真印刷株式会社
発行所　株式会社　文英堂
東京都新宿区岩戸町一七　〒一六二―〇八三二
電話〇三―三二六九―四二三一（代）
振替〇〇一七〇―三―八二四三八
京都市南区上鳥羽大物町二八　〒六〇〇―八六九一
電話〇七五―六七一―三一六一（代）
振替〇一〇一〇―一―六八二四

ISBN4-578-12992-6　C0072